博物馆里的
极简中国史

张经纬

著

北京联合出版公司
Beijing United Publishing Co.,Ltd.

时间示意与文物代表

旧石器时代 （约五万年前）	石器
新石器时代晚期 （约五千年前）	玉璧、玉琮
商周 （约公元前 1600—公元前 221 年）	青铜鼎、青铜剑
秦、西汉 （公元前 221 年—公元 8 年）	博山炉
东汉 （公元 25 年—公元 220 年）	和林格尔汉墓壁画
魏晋 （公元 220 年—公元 420 年）	书法
北朝 （公元 386 年—公元 581 年）	石窟佛像
唐代 （公元 618 年—公元 907 年）	茶叶、瓷器
宋代 （公元 960 年—公元 1279 年）	山水画
元代 （公元 1271 年—公元 1368 年）	江南园林
明代 （公元 1368 年—公元 1644 年）	硬木家具
清代 （公元 1636 年—公元 1911 年）	蓝染布

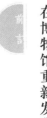

在博物馆重新发现中国

被玉石改变的远古中国

隐藏在青铜器中的周代兴衰

各位即将打开的这本书，是我近十年在博物馆中探索、发现的一点心得体会。在这段宝贵的工作经历中，我亲手接触过数以千计的文物，每年都要进行许多次面向普通观众的讲解，还在各种媒体平台写作了许多向大众普及博物馆知识的作品。

随着我与观众、朋友不断地接触、交流，许多想法逐渐在我的脑海中浮现、升华。把文物和历史脉络结合起来，打破两者之间若即若离的关系，成为我追求的目标，而这本书就是朝着这个目标进行的一次尝试。在书中，我更加注重文物背后的历史脉络，力图把深藏在博物馆中冷冰冰的文物，用立体、动态的方式呈现给大家，同时通过文物来理解历史，串联起一个简明的"中国史"脉络。

博物馆是充满文物和知识的好地方，大家都喜欢去博物馆看展览，从那些古代艺术品当中，吸收知识养分，获得思路灵感。博物馆也是高雅、有情调的地方，能给每个参观者带来穿越时空、和古人交流的体验。但是，我要问一句：你真的可以拍着胸脯保证，你在博物馆里全看明白了吗？

在中国的博物馆里有很多展品，比如，玉器、青铜器、书法、绘画、古籍，还有古人用过的瓷器、家具、服装，甚至武器装备、车马鞍轿等器具。看到这些古代艺术品的第一眼，我们会觉得太漂亮了，太精美了，这些都是了不得的"宝贝"。可是，在看第二眼、第三眼的时候，如果你还是只能说出这样的形容词，或许就会觉得，似乎少了些什么。我们的头脑中是不是还应该再想到一些什么，再说出一些什么看法呢？

这种"话在心头口难开"的感觉不是你的错。因为我们的博物馆过去总是告诉你：古人创造了什么。但是，它忘记告诉你几件更重要的事情：古人为什么要创造这些艺术品？古代的艺术家，在什么样的历史背景之下，创造了我们今天看到的这些艺术瑰宝？这些文物又如何参与了古人在历史中的活动，见证了一个又一个重要的历史时刻？如果知道了这些，面对它们你也许就不会再有一种无法触摸的距离感了。它们在你眼中也就不再是一件件孤零零的艺术珍宝，一个个扁平化的对象，而真的成为历史脉络中生动、活跃的见证者了。

我想分享给大家的就是这样的一些知识。我可能不会就某一件艺术品，谈论它的制作技法（比如深雕还是浅刻），也不会奢谈它的美学价值，更不会给出它的市场价值（这是我们博物馆人眼中对待文物最拙劣的方式）。我想要让大家知道，这些博物馆中的艺术品，首先是我们的先民在历史上创造出来的"有用之物"。他们曾经使用过这些物品，通过交换这些物品，古人可以建立友谊、结成婚姻，推动人口的增长、文化的演变。只不过，它们中的一小部分，有幸在历史长河中，经历了千百年仍得以保留下来，进入博物馆里，让更多的人了解古人的所思所想。

这样的基本思路，也来自我本人的人类学经历。人类学家研究物品的历史时，不愿将其单纯地视作"宝物""珍品"，或是历史名人的遗物，而更愿意将其还原为和每个人平等的人类文明的证据。在我的第一部著作《四夷居中国：东亚大陆人类简史》中，我曾尝试将古代物质文化的创造过程，作为解读历史上人类活动的重要窗口，让读者更清晰地看到物品背后的生产—消费机制对人类文明的推动作用。

现在，我希望能将这种尝试进一步延伸。因此，我在本书的每一章里，都会从博物馆收藏的一种具体门类入手，结合文物的时代特征，把文物和历史的联系呈现给大家；同时，兼顾中国历史上的不同阶段，从史前文明开始，沿袭约定俗成的历史朝代划分，按时代顺序讲述与之对应的文物往事。具体来说，每章开头会介绍这个时代的基本信息，接着描绘某一类物质文化制品的创造之路，并且展开围绕这些制品发生的历史故事，最后带出此类文物对历史的巨大反馈。

比如，我们可以通过玉器了解中国史前文明的"满天星斗"，借助青铜重器探索周代的江南，从东汉时期的壁画中解开鲜卑族崛起的秘密，还可以从唐代的茶叶与瓷器故事中发现"茶马古道"的踪迹……

希望这本书能够成为读者透视中国历史的"3D眼镜"，让大家从人类活动的角度，看到文物的流动、变迁之路，以及它们对古代社会、国家的深刻影响。从现在开始，博物馆里的每件文物，都不再是静止不动、沉默无语的，它们将因为你头脑中铺设的知识脉络而活跃起来，伴随你一同探索古代中国的奇妙世界。

2018 年 6 月 12 日

被玉石改变的远古中国

第一章

从新石器时代开始

中国最古老的时代，是夏、商、周三代，这个时期，古代中国大约进入了有文字记载和有文物证实的时代。记录这个时期的文字最早的有甲骨文，以及后来慢慢改进的金文。甲骨文是一种刻画在龟甲或者黄牛扁平的肩胛骨上用于占卜的符号；金文则是后来铸刻在青铜器上的文字。而甲骨和青铜器，本身也是器物，见证了这个时期人们生活的具体方面。

不过，在此之前，在今天中国的土地上，已经有人类活动了。分子人类学家和古人类学家共同证实，大约在五万年前，东亚地区就已成为我们现代人类的祖先——晚期智人生活的空间了。我们所熟知的北京周口店山顶洞人，就是他们的代表之一。这些古代人多数会利用火种，切割毛皮，加工坚硬的石头，比如燧石（一种火山岩）或卵石，制造用于砍、砸、削、刮的器具。这个时代，因为能被考古学家找到的物品大部分是这些石头（还有少部分是骨头）的加工品，所以被笼统地称作石器时代。

大约在石器时代的晚期，也就是距今一万年左右的时候，由于农作物种植和动物饲养，古人的物质生活变得丰富起来。食物的增多，使得人口数量迅速增长，这意味着人和人之间、人群和人群之间，见面和交流的机会也大幅增加。比方说，当一个地方的人口密度只有2人／平方千米时，这两个人可能要一个多月才有机会照面一次；可是，当这里的人口密度上升到20人／平方千米时，可能一天就能见几回活人。随着人群之间交流而来的，是人口的流动（既有婚姻交换，也有类似今天的外出务工），这就不可避免地使某些区域成为重要的经济和文化中心。

今天的考古学家发现了许多当时的文化区域，他们习惯用首次发现的地点来命名，这就有了长江下游的良渚文化、辽河上游的红山文化、黄河下游的大汶口文化、黄河上游的齐家文化等地方性文化区域。这个时期的人们虽然还在使用石器，但因为各地之间交流的增多，一方面，随着制陶、耕种这些技术的传播，人类生活的质量有了稳步提高；另一方面，人类在加工石质器具时，对石头的材质、加工效果，都有了进一步的要求，所以这个时期，也被称作新石器时代。

玉器是用来祭祀的吗

新石器时代的人们在审美方面有了很大提高，表现出与现代人近似的品位。比如，他们喜欢石质比较透明、硬度比较高的石头。所以，在东亚地区，新石器时代最显著的标志之一，就是开始使用后来广义上的玉器。毕竟，制作玉器的原料，本质上也是石头的一种，只不过是石头中比较好看的一类。中国古代使用的玉石，有软玉和硬玉之分，前者以角闪石族矿物中的透闪石、阳起石为主，从化学成分来讲，是一种含水的钙镁硅酸盐。这些软玉占到了中国史前玉石使用量的绝大部分。硬玉则以辉石族矿物为主，其中的代表翡翠，要到很晚的时代才被中国人所熟悉、使用。

对玉石最热衷的新石器时代文化，南、北方各有一个代表，南方是良渚文化，北方是红山文化，都以玉石著称。两者之中，又以良渚文化更为显著。良渚文化首创了许多很有代表性的玉器，包括玉璧、玉琮、玉钺等。前面两种是最常见的，玉璧就是一个大圆盘，中间有一个圆形的孔眼，内圈和外圈就像两个同心圆。玉琮则像一个中空的圆柱体与一个正方体的结合体，早期的还刻有一个头戴羽毛头冠的人像俯在一只神兽上面的徽记。后来同时期的其他地区也开始模仿制作这类玉器，细节就被简化了许多，到后来只留下一个大致的形象。

良渚文化兽面纹玉琮，江苏武进寺墩 4 号墓出土。

不管怎样，这类玉器虽然和我们后来看到的有具体形象的玉器大相径庭，但毕竟是中国人使用玉石的最初形态和样貌，所以后来的人就把这一时期的玉器称作"高古玉"。不过，这些高古玉给今天的人们留下了一个很大的困惑，就是在石器时代，我们的祖先用这些玉器来干什么？

过去很多人认为，这些古朴的玉器，要么是部落首领权力的象征，要么是巫师沟通神灵世界的器物。[①]《周礼·春官·大宗伯》中提到："以玉作六器，以礼天地四方：以苍璧礼天，以黄琮礼地，以青圭礼东方，以赤璋礼南方，以白琥礼西方，以玄璜礼北方。"意思是说，以玉璧、玉琮为代表的六种玉器，分别代表着天、地和东、南、西、北四个方向，合在一起称作"六器"，也就是六种祥瑞器物。今天的博物馆说明牌上通常介绍的"玉璧礼天，玉琮礼地"就是这么来的。另有"六瑞"之说，也是从《周礼·春官·大宗伯》而来的，即"以玉作六瑞，以等邦国：王执镇圭，公执桓圭，侯执信圭，伯执躬圭，子执谷璧，男执蒲璧"，是说不同级别佩戴不同的玉器，但主要是圭和璧两种。

然而，现在已有越来越多的学者开始承认，以玉璧为代表的高古玉，其实很可能就是史前人们用来交换物

---

① 杨伯达，《巫玉之光：中国史前玉文化论考》，上海古籍出版社，2005年，第253至254页。

产、部落结盟时所用到的媒介。[1] 通俗地讲，也就是当作钱来用的。虽然我们没有新石器时代的直接证据，但稍晚一些时候的记载，可以为我们打开玉器在历史上最初的记忆。

玉器换忠诚

有关玉器的故事，要从商朝开始说起。商朝前期一直很强盛，但从中后期开始，按照河南安阳殷墟的甲骨文记载，在商朝的西部，差不多是今天的山西西南，汾水下游一带，出现了很多被称作"羌方"的人群。羌方给商朝的西部边境造成了很大压力，给商朝的边境安全带来了很多麻烦。一开始的时候，商朝还能经常击败羌方，可越往后，两者之间的胜负关系就变得越微妙。商朝渐渐不能有把握地保持对羌方的胜绩了。

这时在位的商王名叫武乙，他是商代最后一位君主帝辛（也就是纣王）的曾祖父。武乙当朝的第三十四年，做出了一个重大决定。因为他发现了一个位于陕西西部的部落，看起来很有潜力。战国文献《竹书纪年》记载，商王武乙动用"地三十里，玉十珏，马八匹"，招募了这个部落的首领季历。虽然商王一年后就在渭水下游战死，但季

----

① 刘森森，《玉璧作为一种上古货币》，收入《湖北钱币专刊总第一期》，1999年。

历没有让商朝失望，他率领自己的部落，多次从陕西进攻山西南部的羌方，为商朝的边境安全做出了重大贡献。后来，"羌方"几乎就从商代末年的甲骨文里消失了。这个陕西部落的名字叫作"周"，而季历就是周文王的父亲。

后来，季历的儿子周文王、孙子周武王和商纣王产生了严重的冲突。商纣王囚禁过周文王，最后又被周武王推翻。但不可否认的是，商人和周人一开始的合作还是很成功的。季历为商王效力多年，被封为"牧师"，这个官职在《周礼》中也有记载，字面上是牧马官的意思，实际含义可能和后来的大司马类似。而商王武乙当初之所以能招募到周人部落的首领，可能就是因为他当时送出了一份大礼。古代人少地多，马匹似乎也不特别稀罕，那么真正价值不菲的，或许就是文献里提到的"玉十珏"。

"玉十珏"就是"十对美玉"。今天中国人取名字，很多人喜欢用这个"珏"字。这个字左"王"右"玉"，古文中，王和玉可以相通，象形字可以视作两块对称的玉石。在古代，这是玉石数量的一个单位，古人琢玉时，把一块玉石对半分成两块，制成一对对称的玉璧，合称一珏。如此看来，这十对玉璧有很高的价值，足以让季历为商王效力多年。

玉器作为交换媒介，或者说货币，在史前中国的流行推动了历史的发展。商朝用玉石吸引了周人部落前来襄助，最后又促成了商周之间的交替。换句话说，商王武乙最初就是用玉石购买了周人部落的忠顺。玉石拉近了商人和周人之间的距离，这种力量可以在不同人群之间产生非常微妙的相互作用，而它在周代，也同样扮演了非常相似的角色。

穆天子西行之谜

周人取代商人成为古代中国的掌控者后，开始了向东部扩张的脚步。他们的目标是黄淮流域中下游滨海的东夷和淮夷，因为后者控制着古代中国另一种非常重要的矿产资源——铜矿石。

然而，周人在和东南部人群的资源争夺战中，并不总能占据上风。西周依靠马匹和战车击败了商朝，当他们要继续深入南方，获取当地资源时，却遭遇了巨大阻碍。南方泥泞的土地和当地原住民一起，成了马车强大的敌人。不断折损的战车部队，给周王朝带来严重的打击，连君主周昭王都在南征中遇难。为了一雪前耻，昭王的儿子穆王决定卷土重来，他的首要任务就是为增强王朝的军事力量重新购买马匹。

周穆王，是周代历史上事迹最为浪漫的一位君主。他一生的事迹，除了史籍中严肃的记载外，还有一本充满传奇色彩的小说《穆天子传》，该书描写他乘坐着"八匹骏马"驱动的马车一路西征、东征的故事。小说中最引人入胜的地方，是周穆王遇到了一位在瑶池居住的"西王母"，两人之间以歌唱互答。因为爱听香艳野史的道听途说者越来越多，后来人竟一直以为周穆王驾车西行的主要目的是去找西王母幽会。事实上，他的西行有一项重要任务。

其实周穆王和西王母交往的情节只占《穆天子传》全书篇幅的百分之一，该书百分之八十的篇幅都是在讲周穆王沿途买马的事情。

当然，买马需要资金，周穆王出发之后，一开始用黄金向北方部落购买"良马牛羊"。可是出发没多久，估计黄金花得差不多了，他就专门改道前往一座"群玉之山"，"取玉三乘，玉器服物，于是载玉万只"。也就是说，周穆王开采了大量玉料，装满了三辆大车，又让人用这些玉料加工成上万只玉璧。

这些玉璧补充了他的西行资金，比如他见到西王母时给她"白圭玄璧"，可能就是用这些玉料加工成的玉璧。更重要的是，这些玉璧在他买马的道路上起了关键作用。依靠这些马匹，他重新组建了殷八师、西六师中的战车，为一举东征扫平了道路。

当然，这些玉璧和玉石，很可能没有完全用于购买马匹。就像当年周穆王的祖先因为十对玉璧开始为商朝效力，并最终推翻商人的统治一样，周穆王用于买马的这些经费，可能也产生了同样的后果。利用这些玉璧，周人从西北人群中为自己招募了不少守卫边境的部队。后来，也许是因为对周人给出的价格有所不满，或者因为征调、派

良渚文化玉璧，武进寺墩 1 号墓出土。

遣的任务过于繁重，总之，西北的犬戎部落第一个起来反对周王。要知道，犬戎可是当年周穆王的买马路上，最拥护他的群体之一。他们奋起反抗的原因，可能就是周王后来用来买马的玉璧价格不够优厚。

最后，犬戎的反抗迫使周王做出调整，开始让另外一些来自渭水上游的西戎部落，替代犬戎为王室供应马匹。从这些来自西戎的部落中，诞生了后来统一中国的秦国的祖先。

玉石货币的最后记忆

说到秦国，有一个非常有意思的故事。中国历史上大多数时间使用的主要货币，就是圆形方孔的铜钱，还因为中间的方孔，又被称作"孔方兄"。尽管大小尺寸和上面的年号有所不同，但它的基本形状是一样的。铜钱就是从春秋战国时的秦国开始流行的。而秦国之所以铸造这样的货币，大概是为了纪念改变他们祖先命运的玉璧。

秦国人最初铸造的货币，其实是一种圆形圆孔的圜钱，就像缩小版的玉璧。后来之所以演变成了圆形方孔钱，是因为浇铸技术出现后，同一批铜钱都是从一个模具中浇铸出来的。为了集中打磨铜钱的边缘，中间要插一根用于固定的棍子，圆孔中插的棍子容易滑动，索性就把圆孔改成了方孔。这种纯技术的因素，最终确定了圆形方孔钱的形状。但是，这也难以改变铜钱和玉璧的相似之处。

后来，有人以春秋时期齐国丞相管仲的名义写了一本书，名叫《管子》。博学多识的管仲在书中告诉我们，其实，随着铜币的流行，玉璧这样比较沉重的支付媒介，在东周时大多已经退出了中原经济流通的舞台。但至少在当时的甘肃一带，也就是秦国的大本营，还保留了用"白璧"作为流通货币的习惯。在陕北一带，则流行用"璆琳""琅玕"，也就是球状的玉石作为通用货币。这里就是当年周穆王出征买马的目的地，所以有这种交易习惯一点也不奇怪。

最后一次大规模作为货币使用玉石的记载，大概出现在春秋时代的齐国。当时齐国已经开始使用铜币，但也没忘记用玉璧当作交换的支付媒介。《管子》中记录了管仲的一次计谋：当时齐桓公缺钱，管仲给他想了一个来钱的办法，"使玉人刻石而为璧"，按照石璧大小定价，大的千钱，小的五百。齐国还用这种玉璧作为朝拜周王的贡品，结果使天下诸侯的黄金、珍珠、五谷、布匹都流入了齐国。这个故事就叫作"石璧谋"。对管仲来说，玉璧就是更大面额的票据，他发行了两种，分别是一千面额和五百面额的，通过这种古老的交换方式，带动了齐国经济的发展。

对于玉石的货币价值，管仲还作了重要总结："以珠玉为上币，以黄金为中币，以刀布为下币。"这里说的"刀布"，就是齐国当时通用的铜铸钱币，相比珠玉、黄金，

龙山文化玉铲，西安蓝田县寺坡村出土。

商代玉斧，西安长安县沣西乡出土。

秦代玉璋，西安未央区大明宫公社联志村出土。

它的价值是最低的。怪不得在春秋战国时代，有那么多关于玉璧的故事流传，比如著名的"和氏璧"故事。这些著名的玉石、玉璧，都体现了它们原来的货币属性。

玉石与上古中国的融合

后来的人们因为困惑于玉石的形状，而忽视了它的货币本质。前文提到，《周礼》中以玉璧、玉琮为代表的六种玉器，分别代表着天、地和东、南、西、北四个方向，有所谓"玉璧礼天，玉琮礼地"的说法。但古人究竟是如何用这些玉器来"礼拜"天地的，则无人知晓。

我们换个角度来思考，在比周、商更早的时代，玉石很可能就是流行的货币，而且每个地区都有自己的货币形制。我们已经说过，后来演变为圆形方孔钱的秦国的圜钱，就继承了玉璧的形状。齐国、燕国一带流行的是刀币，就是刀形的铜币，这些刀币和中国各地出土的石器时代的玉钺形状类似。魏国、韩国等中原一带，流行铲土工具一样的布币，而布币和以前的玉璋也非常相似，都是在尖端有一对开口。这样来看，战国时代各地的货币，其实都能找到更早的玉质前身。

这样，我们也解开了战国货币的另一个难题：为什么当时出现了圆形方孔钱、刀币、布币等这些形状各异的货币？就是因为继承了早前当地流通的玉石货币的形状。只

良渚文化玉殓葬，江苏武进寺墩3号墓出土。堆积在遗体表面的玉璧、玉琮让我们联想到后世中国金银随葬品之丰盛。

不过，在冶铜技术出现之后，玉石货币让位给了缩小版的铜币。这样来看，《周礼》中说的"六器"对应天、地和东、南、西、北四个方向，其实更大的可能性，是"六器"代表了当时中国东、南、西、北各个区域流行的玉石货币的形状。

现在，我们来重新审视一下史前时代的中国版图。作为新石器时代晚期文化的代表，发源于辽河上游的红

山文化，毗邻今天辽东半岛上的岫岩玉产地。陕西的半坡文化，邻近关中平原南部的蓝田玉产地。从中国著名的四大名玉产地来看，岫岩玉的辽宁辽东半岛、独山玉的河南南阳、蓝田玉的陕西关中，以及和田玉的新疆和田，都是古代中国经济最发达的区域。从某种意义上来讲，关中、中原、东北等古代经济地带，都是从这些史前货币原料的产地辐射开来的。

长江下游的良渚，玉料来自附近的江苏溧阳小梅岭古玉矿，并不属于四大玉产地，但是，良渚文化以其对玉璧、玉琮等玉石交换媒介的推崇，在很大程度上领导了新石器时代古代东亚的经济往来。

在浙江余姚瑶山、反山的典型良渚文化墓地中，死者身上往往堆满了大大小小的玉璧、玉钺，头上、腰上的空隙位置则放了玉琮。[①] 我们可以想象一下死者下葬时的情景，这么多玉璧，从头到脚铺满了他的全身，身体表面能放的地方几乎都放了。

也许古代中国人和现代中国人有一样的脑回路，会用相似的方式对待死者。就像现在流行的盗墓探宝小说里写的那样，汉唐宋元王公贵族的坟墓中，有大量金银财宝随葬，而今天我们给死者陪葬的，也少不了金箔、银箔，那么我们可以猜想，在良渚文化土墩墓里随葬的玉璧，应该也是出于同样的用意。

这些玉璧不仅出现在良渚的古墓中，而且随着良渚文化与北方大汶口文化、江汉流域石家河文化、中原的庙底沟文化等的交流而广泛传播，在当地产生了类似的本地制品，发挥了相仿的作用。

由此可见，从史前时代开始，玉璧、玉琮、玉钺、玉铲等古老石质货币的使用，加强了中国境内各区域的联

---

① 林东华，《良渚文化研究》，浙江教育出版社，1998年，第451至455页。

系，为各地逐渐连成整体，发挥了不可忽视的作用。

现在，我们已经有了一种审视玉器的全新视角。世界上许多国家和民族，都有各自崇尚的宝物。中亚阿富汗一带的人喜欢青金石，印度人喜欢红宝石、蓝宝石，非洲人热爱钻石。这些罕见而坚硬的"石头"，都为当地古代文化提供了经济发展的动力。玉器对于我们中国人也一样。

在中国的史前时代中，玉石扮演了沟通不同地区古文化的重要角色。尽管这些造型各异的玉石让后来者感到困惑，成为"礼天礼地"的六器，但是在古代文献中，仍然留下了许多蛛丝马迹，指引我们发现玉石的真相。

作为货币的高古玉器，参与改写了商王武乙和周穆王的基业。古代王朝通过玉石既能得到外援，又能购买到马匹。我们还可以进一步思考一下，这些王朝的衰落，是不是也和玉石产量下降导致的经费不足有关呢？

后来，随着金属冶炼技术的提高，早期中国在商周时期进入了青铜时代，玉石与其他石器一同退出了交换流通的舞台，留下墓葬中那些迷人而耐人寻味的"礼器"。当然，一同留下的，还有战国时代那些源自早期玉器造型的铜质货币。

虽然玉石的货币功能衰退了，但它本身作为装饰性珠宝的一面，随着玉石采矿业的延续，发展出了新的方向，成为文明史以来中国最具观赏价值的工艺品。玉石以贵重的玉质器物的形式，成为传世珍宝。

今天的玉器收藏爱好者可以这么思考：你所收藏的各种形式的玉器，之所以具有极高的收藏价值，是因为它们最初就是可以流通、用来兑换重要物资的交换媒介，它们还改变了石器时代一直到商周王朝的历史。

告别了玉器和石器，中国就进入了青铜时代。在下一章，我们将一同探索改变古代中国的另一项重要文物——青铜器。我们知道青铜器历来都是国之重宝，但很少有人知道，它们的原料就来自古代江南这个巨大的矿区。这些铜矿料的流动，为秦国和楚国的未来铺设了命运的轨道。

商周文明的标志

中国历史最早的有文字记载的文明阶段，就是商周时期。

学术界对"文明"的界定有一些标准。比如，考古发现，当时城市的遗址显示城市范围内存在各种功能的分区，就说明当时已经具备了国家的基本要素。有了国家，至少就证明，当时的人类不是三三两两、三五一群的小规模群落，而是进行社会分工的大规模群体。人们不再满足于觅食、交配这些基本需求，开始有了更大也更复杂的精神需求。

当然，更重要的是，当时发生的一些事情，被人们以符号的形式记录了下来。通过对这些符号的研究，我们发现这个时期的中国开始有了文字。在这些记录中，围绕具体人物的事迹则体现了历史的进程。拿商代来说，20世纪初在河南安阳发现的甲骨文，不但证明了商代的真实性，更重要的是，提供了商朝活动的重要史实。

接下来的周代，原本就有后世的文字记载，又通过考古发现，大量周代青铜器上刻有铭文。这些文字因为刻在金属表面，所以被称作"金文"。周代青铜器上的金文在字数上远超过商代（商代青铜器一般只刻有器物主人的名字，很少有长篇大论），而且都是时人为记录某一具体事件而作，给我们了解这个时代提供了第一手材料。

半开玩笑地讲，去博物馆里看青铜器，要判断它们的价值，除了那些形状特殊、造型罕见的以外，就靠两个标准：一个是体积越大价值越高，另一个是字数越多越有价值。字多价高，很好理解，器物上的金文为商周时期的历史世界提供了独一无二的细节记录；器物大小决定价值，则是因为铜矿原料在当时是非常重要的珍贵资源，人们舍得花费大量材料制作器物，说明这件器物在当时就具有不菲的价值。而且这些经过复杂程序加工制成的器物，本身就代表了当时最先进的科技水平，体现了文明所赋予的力量。

这也是为什么博物馆里只要力图呈现商周时代的文明，就要摆放一堆青铜器。当然，另一个原因是，这个时代毕竟离今天已有四千年之久，有机物历时久远，糟朽腐坏得已经差不多了，唯有这些青铜器历久弥新，保留了当年的神韵。所以不了解青铜器，也就无从了解商周文明的底蕴。

青铜器原料之谜

要了解青铜器，即便熟知器物的形状，可以通篇翻译金文的内容，如果不清楚一个重要环节，那你对青铜器还远远称不上是真正的了解。这个环节，就是青铜器的原料来源。

在解决这个问题前，我们需要先回答一个问题：什么是青铜器？青铜器就是用铜、锡、锌这三种金属的合金制成的器物。纯铜的颜色是红色的，性质比较软，加入另外两种金属，不但增加了铜的硬度，也改变了它的光泽。其中，铜是主要成分，占百分之八十；锡占百分之十多一点；锌很少；有的还包含一些铅。青铜器刚制成时的颜色，是比黄铜色还浅一些的金黄色，光泽度非常好。只不过因为埋藏在地下，时间久了经过氧化，出土时变成了铜绿色，才有了青铜这个名称。如果进行除锈处理，还是可以还原成黄澄澄的色彩的。

在中国历史上，青铜器主要出现在商周时期，到战国时代就逐渐淡出历史舞台了。我们在博物馆里见过很多商周青铜器，有礼器，也有兵器。礼器就是在葬礼、加冕礼上使用的器具，比如大鼎、酒樽，兵器自然就是剑、斧、箭镞，等等。还有一些器物不太容易分类，比如车马上的铜制部件等。

马车和兵器，能让我们想到中国北方平原上的古代战场。今天博物馆收藏的青铜器，大多数确实是在中国北方出土的。然而，根据中国古代青铜器合金中含量非常少的铅元素，考古学家发现，那些铸造青铜器的原料，其实来自南方，尤其是今天的江南，即长江中下游地区。现代出土的青铜器中，很大一部分含有的铅元素，不是普通的铅，而是一种具有一定放射性的铅同位素。这种微量的铅同位素，很可能是在铜矿开采时就和铜矿石伴生在一起，在冶炼过程中也未能去除。按照这一特征，冶金考古学家比对了今天中国境内所有铜矿的元素构成，于是就找到了古代青铜器的原料来源。

解开了这个问题还远远不够，因为铜矿石虽然产自南方的古铜矿，但商周青铜器是在北方铸造的。那么，这些铜矿原料从南方来到北方的历程，就构成了一部商周时代的历史。

吴国特产青铜剑

说到江南的古铜矿，少不了春秋时代江南的吴、越两国，因为当时主要的铜矿资源就位于这两个国家境内（后来楚国的出现打破了这一格局）。吴、越两国不但开采了大量的铜矿石，还留下了许多有关青铜宝剑的传说，可以帮助我们破解铜料北运的秘密。这些江南铜矿，决定了吴、

吴王夫差剑，剑上铭文为「攻敔王（吴王）夫差，自乍（作）其元用」。作者摄于山东省博物馆。

越两国的命运，也参与谱写了周朝和秦朝的历史进程。

在吴越青铜宝剑的故事里，我们不说最有名的"干将莫邪"的传说，先来讲一位吴国的王子。这位王子叫季札，是吴王阖闾的叔叔、吴王夫差的叔公。《史记·吴泰伯世家》中提到，季札无心王位，喜欢周游北方各国，为吴国充当外交大使。他到过北方的鲁国、齐国和郑国。

季札最受人称赞的一点，是他路过徐国时做的一件事。从长三角的吴国前往北方国家，首先需要经过和苏南接壤的苏北徐国，这条路线和今天的京沪高铁是一样的。

季札到达徐国后，拜见了徐国君主。徐国君主特别喜欢季札随身佩带的青铜宝剑，拿在手里把玩，爱不释手，但他身为一个诸侯，碍于面子，没好意思向其他国家的使臣提出索取要求。不过，这么明显的举动早就被冰雪聪明的季札看在眼里，可他因为还有出使任务，身为大使，不能没有佩剑，也就没摘下来送给徐君。

等季札结束出使任务，南返回国时又经过徐国，想起当初徐君喜爱宝剑的情景，打算将宝剑送给他，结果"徐君已死"。于是季札解下宝剑，挂在了徐君坟墓边的树上，然后潇洒地离开了。司马迁被这个故事深深感动了，就把季札王子树立成春秋时期"仁心慕义"的道德典范。

季札的这个故事，只是吴国众多宝剑传说中的一个。他的侄子吴王阖闾，也有一个关于青铜剑的故事。阖闾在即位前，雇用了一个叫专诸的刺客，用一把藏在鱼肚子里

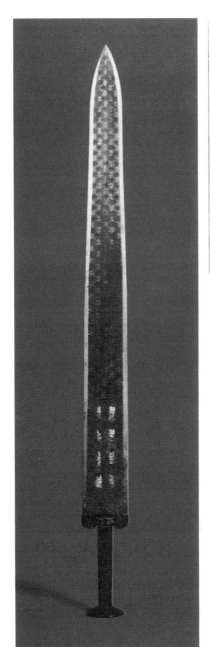

越王勾践剑，湖北江陵望山 1 号楚墓出土，剑上铭文为「越王鸠浅（勾践），自作（作）用剑」。现藏于湖北省博物馆。

的短剑,刺杀了前任吴王,然后成功登基。这把剑就叫"鱼肠剑"。专诸的成功事迹,可能启发了后来刺秦王的荆轲。

阖闾的儿子夫差即位以后,关于他的宝剑故事就更多了。他不但拥有美女西施,还收藏了胜邪、鱼肠、湛卢这三把名剑。中国古代最著名的铸剑传说——干将莫邪、欧冶子的事迹,也发生在吴国和它南边的邻居越国身上。

可以这么说,吴、越两国,几乎垄断了春秋战国时期中国所有青铜宝剑的传说,成为春秋名剑主要的供应商。今天在中国各地,考古发掘出十几把吴王剑、越王剑,山西、山东、湖北、安徽都有。我们可以这样理解:当年吴国的外交大使、王子季札,带着本国特产青铜剑周游北方列国。他为什么把宝剑留在北方?道理很简单,作为吴国大使,总要兼顾对外贸易,吴国青铜剑的主要市场在北方,把样品给北方的国君,自然就是一种无声的推广,对吴国青铜兵器的销路有莫大的好处。

江南铜矿争夺战

吴、越两国为何制造了如此众多的宝剑?答案只有一个:这里的铜矿特别多。这两个国家所在的地区西部,就是中国最重要的铜矿区。江西上饶境内的德兴铜矿,是亚洲最大,也是中国第一、世界第二的露天铜矿。根据考古发掘,江西瑞昌铜矿的开采历史,可以追溯到商、周时期。

西周中期周昭王有一位大臣，名字叫过，他是个伯爵，所以被称为过伯。他留给我们一只"过伯簋"，簋上有16个字，讲了一个故事，说的是过伯跟随周王讨伐叛乱的荆人。荆国大体位置在今天湖北的汉水流域一带。过伯这次出征的成果被概括为"俘金"，意思是得到了重要的"金"。我们知道，西周时说的"金"不是黄金，而是指铜矿料。最后，他把这些铜料铸造成宝鼎，献给了周王室。就是这么一件简简单单的事情，里面的细节却很丰富。

故事里的周王就是周昭王，他不止一次到汉水流域和荆国作战，让他们进贡铜料。荆人的开采路线大概是沿着长江顺流而下，然后到达江西。湖北黄陂还挖出一座商代古城，证明这是商周时期控制江南铜矿的必经之路。可能周王对矿料的需求很大，采矿的当地人"压力山大"，所以就造反叛乱了。这又逼得周王不得不亲自出马。虽然过伯这一次赢得战争，取得了铜矿，但后来周昭王还是死在了强渡汉水、南征荆楚的路上。看来，最后周王还是被铜矿给害死了。

这件事发生以后，昭王的儿子周穆王就采用了用玉石去买马，重建军队，继续开采铜矿的战略，但效果不是很理想。因为江南河流、湖泊太多，实在不利于马车行军。所以，周王索性派遣了一支亲信部落，去湖北建立一方诸侯，直接负责采矿。这个诸侯姓芈，他建成的国家，就是楚国。

禹鼎，现藏于中国国家博物馆。鼎内铭文记录了周厉王命将领禹
率西六师、殷八师往征噩侯驭方一事。噩侯曾掌控南淮夷、东夷
铜料入周之路。

楚国后来非常成功，一直给周王室进献铜矿。为了全面占领江南的铜矿，楚国还不断向东拓展，扩张到了江西、安徽。当地的采矿部落受到压迫，被逼无奈之下，只好继续向东逃亡，逃到了吴国和越国。他们在这两国造出了举世瞩目的青铜剑，留下了干将莫邪、鱼肠、湛卢等铸剑传说。

吴国的工匠们有着和楚国天然的旧怨，为了阻止楚国东扩，他们最好的选择就是努力沟通北方国家，把自己的青铜兵器提供给北方，以获取后者的经济和技术支持。所以，这才有了王子季札在徐君墓前挂剑的故事。

后来吴国和楚国展开了旷日持久、长达半个世纪的大战。这段吴楚争霸的历史，其实也是江南铜矿工人书写的历史。

今天的江南，早已是鱼米之乡；商周时代的江南，或许是繁忙的采矿营地。这些来自江南的青铜矿料，先是通过周人，后来通过楚人，最后通过吴、越等国，源源不断地输入到中原大地，塑造了三千多年前的青铜文明，留下了博物馆里数不清的青铜文物。

"铜马体系" 的崩溃

中国青铜器的历史，从商代一直持续到战国后期，长达一千五百年左右。今天江南地区的江西瑞昌、安徽铜陵的古铜矿在商代就有开采。[1] 周代时对江南铜矿的开发和利用，达到了古代的顶峰。西周依靠马车和铜矿资源，在较长的一段时间里维持了王朝的鼎盛。

曾经的周人实现过巨大的经济成功。他们驾驶着战车，勒令东部的淮夷部落进贡铜料。接着又把这些铜料铸造成坚硬的青铜兵器，从北方游牧者那里虏获马匹。而马匹又为他们驾起新的战车，创造又一次胜利。随着周人疆域的扩展，他们这台精密周转的资源交换机器，从偶尔失灵变成了经常失误。

有鉴于此，周穆王从无偿获马，转变为有偿买马。然而，用青铜器分封诸侯，是周王室维持权力最有效的手段。为了保持铜矿料的稳定输入，周人只能派遣楚国的先辈从陕西东部，经过蓝田—商洛古道，来到南阳襄樊盆地，全权负责开采铜矿的事务。眼看楚国取得了巨大成功，周人把马匹供应的事务也外派给了秦国的先人。就这样，在周代中期，周穆王的儿子周孝王的这项新政，给西周的历史带来了重大转折。

在一段时间里，周人重现昔日的辉煌，让周王室有能力把一次次胜利铭刻在青铜器的内壁。有些胜利是镇压叛乱的艰难取胜，比如，禹鼎铭文讲述了周王镇压叛乱的

① 裘士京，《江南铜研究——中国古代青铜铜源的探索》，黄山书社，2004 年，第 28 至 39 页。

噩侯；另一些胜利是侥幸地抵御了外敌，比如，多友鼎铭文讲述了周师战胜猃狁的事迹。这些都是西周中后期非常有名的青铜重器，它们的共同点是，宣扬周师威猛的同时，也暗示了周王再也不是那个无人敢犯的四海之君了。幸运的是，那时楚国还努力效忠王室，而秦国也在感激周王的赏识、提拔，它们在各自发展的道路上探索前行。

只是，好景不长。随着这两个位于周人东南和西北方向的部落在采买事业上蒸蒸日上，周却因为不再控制实际资源（只有交换价值，而不具备使用价值的玉石除外）而变得日益贫弱。终于，楚国产出的铜矿、秦国养殖的马匹，最终超出了周王室的购买能力。

缺乏战马可供驱驰，也没有铜兵器用以御敌。周王室被犬戎攻破，而站在犬戎背后的，则是全面接手王室铜、马专营的秦、楚两国。铜、马的匮乏，是王室经济的真实一面，也是今天几乎没有什么西周末期的青铜重器出土的原因。

西周的两位遗产继承人

从春秋直到战国中期的中国舞台上，周王早已把最显赫的位置让给五霸和七雄。而在它们当中最耀眼的，其实只有两个国家，就是楚国和秦国。

楚国的成功是最先到来的，因为它控制了所有北方国家的铜料来源，这让各国不得不听命于它。《左传》中就记载，楚成王仅用一千斤铜料就换得了郑国的朝见，而在当时，郑国可是周王室中地位最高的诸侯国。然而，正是楚国的强势，给吴、越提供了崛起的机会，因为它们也有机会掌握铜矿的开采密钥。这也为后来楚国东吞吴、越埋下了伏笔。

楚国的衰败和中国青铜时代的落幕一同到来。战国后期，由于战争频仍，原本可以铸造青铜彝器的铜料大都被制成了兵器，表面上的文字和纹饰大大减少。楚国受到的致命一击是，资源分布更广的铁器开始登上历史舞台。随着北方各国逐渐普及铁器，铜矿原料的交换价值迅速下降。经济上，主要依靠青铜兵器出口的吴、越两国先后消亡。曾经占据江南大部分疆域的楚国，也随着铜料价格的大幅跳水而走向没落。

这一趋势的最大获益者，应该就是秦国。从周代的养马部落起家，秦国继承了西周的另一笔遗产。由于秦国拥有中国境内最重要的牧场，到战国时，秦国可以说是成了各国马匹的主要供应者。我们试想一下，当东部国家试图驾驭着从秦国输入的马匹，反过来挑战秦国的权威时，必将遭受双重打击——战马供应远逊于秦，且买马所出又将资助秦国的经济。更重要的是，秦国也是铁制品输入中原的主要渠道之一。当铜料的价值越来越低时，秦国对其主要对手楚国的优势就越来越大。

楚王子午鼎，现藏于河南博物院。王子午是"问鼎中原"的楚庄王的儿子，曾任楚国令尹。该器出土于楚文化的发祥地河南淅川，见证了楚人为西周管理铜料事宜、沿秦岭东迁的历史进程。

就这样，西周留下的两笔遗产，决定了秦国和楚国的命运。当秦国最终击败楚国，继而吞并其余各国后，中国也就彻底告别了青铜时代。然而，当年吴国王子出使北方国家，推广青铜兵器的路线保留了下来。同样，楚国向北输送铜料，向东发展、进击吴越的路线，和那些先前的商周时期北方人群南下开采铜矿的道路一起，成为中国各个地区之间相互联系的网络，将这个国家连成了整体。

告别青铜时代

秦代以后，铜矿原料就不再用于制作大型器具，而是用于铸造货币。这一点，和玉器的发展正好相反，玉石因其加工的烦琐和携带不便，放弃了其货币价值，成为一种贵重的宝石和工艺品。而青铜原料则因为它的可塑性，从贵重的钟鼎彝器变成了可供流通的货币。这些转变，缘于它们最初都是先民眼中的宝贵资源。

从这一点出发，我们或许可以对商周时代体量巨大的青铜器做一猜想，我们今天在商周墓葬中发掘出来的青铜重器，本身就是一种财富的象征。如同后世官府的铸币机构，会将碎银熔成液体，浇铸出大块的银锭用于收纳，在需要时再将银锭熔化，铸出用于流通的小额银圆。巨大的青铜器，很可能具有类似大块银锭的功能，将铜料集合，一方面为了炫耀财富，另一方面也为了在需要时重新熔化，用于铸造兵器等。

那么，商周青铜器铭文中常见的用作结尾的"子子孙孙永宝用"，代表的可能并不是虚设的敬语修辞，而指的是具体用处，即周王将铜料铸成宝鼎等重器赐给臣下后，相当于给予后者一笔真实的财产，臣下有不时之需时可以将其熔化，以小块铜锭进行交易，而不是我们以往认为的，将铜鼎、铜簋代代相传。

这样看来，今天我们依然能见到刻着大量金文的传世或出土的青铜器，是相当不容易的。因为它们逃过了春秋战国之际以铜料熔铸兵器，或后世熔化铸钱的命运。

当然，更重要的是，当我们再次走进博物馆，观赏聚光灯下那些光彩熠熠的商周青铜器时，请不要忘记，它们的原料来自江南。它们流入华夏腹地的进程，为古代的中国铺设了沟通、联系的网络。也不要忘记，上古时代那些被青铜器铭文记录的、非常精彩的"铜矿之战"，书写了整部先秦的历史。

这些青铜制品，不但启发了我们对古代物质世界的了解，还能帮助我们深入古人的精神世界中去。在接下来的一章，我们将进入一个全新的时代，通过造型别致的铜器"博山炉"，潜入秦始皇和汉武帝的脑海，看看他们在追求长生不老的神仙之路上，到底有什么样的收获。

第三章

博山炉与秦皇汉武的寻仙之路

秦皇汉武的永生梦

秦汉时代，是中国公元前后的一个重要时期。

秦朝最大的事迹或许是击败六国，奠定了中国统一的格局。在前两章我们已经知道，秦国源自一个为周王提供马匹的西部部落，他们在养马的事业中得以壮大。当东周时期所有国家都忙着驾驶马车打仗时，财富就源源不断地流入秦国，给后者提供了战胜六国的经济实力。秦始皇除了统一六国，还南征百越，北击匈奴，巡狩天下，封禅泰山，留下许多重要事迹。

继承秦朝的汉朝，是中国历史上第一个长期稳定的王朝，前后存在了四百余年，两汉差不多平分了公元前后的四百余年时间。汉朝的故事很多，汉武帝是后人最爱评论的皇帝之一，他在北击匈奴的道路上走得更远，成为后世帝王在武功方面的标杆，可他在这条道路上走得太远了，以致耗费了汉朝前期的大部分积蓄。而对匈奴的根本性打击，是东汉和帝时由车骑将军窦宪率军与南匈奴、乌桓和羌胡各路军队合力完成的。文化方面，前汉有司马迁奋发写《史记》，后汉则有班固写《汉书》，奠定了中国史学的基础。

如果要问秦代和汉代有什么共同点，有人会举出"秦皇汉武"，用武功证明他们在开疆拓土方面的相似之处。这一点当然是不能否认的，但这只是部分答案。另一部分是，他们都对神仙世界有着热切的向往。具体来说，是对神仙世界的"长生不老"有着强烈的愿望。

然而，追求长生的秦始皇，除了在陵墓中和他的兵马俑大军实现了两千多年的"永生"之外，在现实世界里只留下一个不足二十年就走向覆灭的帝国。汉武帝确实比秦始皇活得要久一点，但离永生还差了十万八千里，他同样没有留给西汉一个国祚千载的根基，而是用财政赤字给王莽提供了一个表演的舞台。

追求永生的路途，真的那么遥不可及吗？这样一种看似无害的事业，是如何给秦、汉帝国带来无法逆转的命运的？让我们从一种非常独特的文物——来自西汉的香薰炉说起。这种香炉的名字是博山炉。

博山炉上的仙境

西汉时期，出现了一种带底座的香炉。它的底座就像

错金云纹博山炉，河北满城中山靖王墓出土，现藏于河北博物院。博山炉细致的纹理和时隐时现的云雾，让人们联想到那个神奇的海上仙境。

电影里出现的油灯的灯盏，上面的部分差不多和西柚或水蜜桃一般大小。香炉分成盖子和炉座两部分，中间是空心的，可以打开盖子，在中间盛放点着的香料。

这种香炉的特别之处，就在于它的造型。炉座是涌起的波浪，层层叠叠地围绕着中央，而它的盖子就像是从大海中升起的一座仙山。在山谷间，隐藏着很多山洞，还有各种灵异生动的动物造型，比如猴子、兔子等，不仔细寻找还不一定能发现。点燃香炉里的香料，会有烟雾从这些山洞中冉冉升起，炉盖就像一座隐藏在云端的高山。

这种香炉的创意，的确和传说中的仙山有关。

战国时期的著作《列子》中的《汤问》篇提到了五座神山，分别是岱舆、员峤、方壶、瀛洲和蓬莱。前两座神山后来沉没了，只剩下方壶、瀛洲和蓬莱三座。即便如此，山上的景象仍然堪称奇观，比如"其山高下周旋三万里，其顶平处九千里"。最神奇的是，山上的景观非常奇幻，"其上台观皆金玉，其上禽兽皆纯缟"，就是说山上的建筑都是由金玉制成，动物都是纯白颜色的。最让人羡慕的一点是，山上的树木结出的果实能令人"不老不死"。山上居住的人"皆仙圣之种，一日一夕飞相往来者，不可数焉"。而这些神山本身则在海波中漂浮，据说底下还有"巨鳌"驮着，使之不至于沉没。

方壶、瀛洲和蓬莱这三座传说中的仙山，被统称为博山。而以这些神山为原型制作的模型，自然就被称作博山炉了。这些博山炉器物虽小，可不论是海波，还是山峦，以及山上的树木、动物，甚至亭台楼阁和人物，都栩栩如生，让人感叹其巧夺天工。

今天我们知道，这些神山都是人们的美好想象。但是，历史上的人们未必知道，他们用瀛洲、蓬莱命名了中国东部沿海的诸多岛屿，在山东淄博还真有一个以"博山"为名的区域。这些，包括制造有着明确寄托的香炉，都表达了人们对神山降临人间的渴望。

然而，秦汉时期确实有两位著名的君主，并不满足于香炉上的神山，他们打算竭尽全力探索这"不老不死"的仙境，而这也对其国家的未来产生了无法预见的影响。

秦始皇被方士骗了吗

秦始皇派遣徐福入海寻找仙人的故事，我们都知道。这种事不仅秦始皇干过，后来的汉武帝也干了。这里一共有三个问题：第一，秦皇汉武为什么要去找仙人？第二，仙人到底是什么？第三，他们找到仙人了吗？

秦始皇三十九岁的时候统一六国，登上了前无古人的皇帝之位，去世的时候是四十九岁。当时人的平均寿命差不多是三十五岁，秦始皇的寿命已经超出其他人一大截了。当然，从今天的医疗水平来看，他的寿命还有很大的提升空间。所以，他像历史上所有位高权重的人一样，有个小小的目标，就是想"再活五百年"，好好享受自己刚打下的江山。

为了实现这个目标，秦始皇开始积极行动，他派人四处寻找能使人长生不老、延年益寿的办法。这个时候，有人给他推荐了一些来自齐国的方士，也就是擅长祭拜鬼神、炼丹长生的一群人。据说，他们有让人长生不老的办法。

在古代的华南、华东，有一种观念，人死了以后，死者的灵魂不会消散，它们会生活在生者附近的高山上，尤其是云雾缭绕的山尖。它们时不时还会回到自己的后代身边，看一看后人的生活。比如在逢年过节的时候，人们把自家死者之灵从山顶的云雾世界邀请回来，等节庆欢度结束，再把它们送走。古代华南地区高山上的悬棺葬，大致就是这种观念的具体实践。这些想象出来的灵魂，既是人们的祖先，又是一群永远生活在幸福天堂里的"仙人"。这就是"神仙"观念的原始形态——世界上本没有神仙，祖先去世的多了，就有了神仙。说句没经考证的玩笑话，"仙人"和"先人"之所以同音，可能也有这个意思。

最初，东边的人们还是能搞清楚的，所谓神仙的世界，就是祖先之灵生活的地方。可西边来的秦始皇不太明白这个道理，也有可能是把这些观念传递给他的滨海人士没表达清楚。总之，他四十岁的时候，第一次来到遥远的东方，到山东来看大海，一接触到齐国、楚国的民间信仰，马上就被"神仙"吸引住了。他把东夷观念中人们死后去往的永恒世界，当作一个现实存在的人间天堂；把那些死后永垂不朽的祖先，当作真能长生不老的神仙。

后来的事情，我们都知道了。方士们告诉秦始皇，神仙和不死灵药在大海里的三座神山上，也就是从《列子》中抠出了蓬莱、方壶、瀛洲的名称，嵌入了这种祖先信仰中。结果，秦始皇信以为真，真的派了一个叫徐福的方士带着一堆童男童女，出海去找神仙了。徐福可以算作中国的第一代探险家。结果神仙还没找到，秦始皇就驾崩了。

之前的三个问题我们回答了一个半。秦始皇寻找神仙是为了长生不老，但他把东部地区人们头脑中祖先安息的永恒彼岸，当作了真实存在的现实仙境。这注定了他的徒劳无功。

不过这件事对后人，尤其是对汉武帝的影响非常大，不管三座仙山是不是真的，后人一想，既然秦始皇都派人去找了，估计假不了。所以他们不但再接再厉，继续寻找，还给三座传说中的仙山起了个名字——博山。而且，还真的有所发现。

汉武帝的"神山探索小分队"

汉武帝在位时，是西汉最强盛的时期，他和秦始皇一样向往长生不老，也是一位神仙爱好者。他除了像老前辈一样继续派遣"神山探索小分队"，年复一年地寻找仙人以外，还更务实地把只有传说的"博山"具体造了出来。

我们今天看到的博山炉，大体上是汉武帝时出现的。

汉武帝即位以后出兵岭南地区的南越国，获得了来自南海的龙脑香、苏合香等香料。对这些香料的使用激发了工匠们长期以来的灵感，他们把香料制成香球或香饼，再配合香料制造出了博山炉这种与传说高度结合的香炉。虽然只是一种迷你版的海上神山，但只要点燃香炉内的香料，就有一缕缕的香烟从山洞中升起，笼罩着这座香炉，还真有点隐藏在云端高不可攀的感觉。这样，汉武帝在还没找到神山和仙人之前，可以每天在宫里看看散发仙气、香气的香炉，多少有个心理安慰。

所谓"念念不忘，必有回响"。汉武帝时有一本神山探索笔记流传下来，作者是汉武帝的名臣东方朔。他和武帝的亲密关系，差不多和后来乾隆与宠臣纪晓岚相似。这本著作假托东方朔的名义，取名为《海内十洲记》（简称《十洲记》），记录了当时人们观念中十座著名的仙岛。其中自然也包括传说中组成"博山"的海上仙山。

这本书对瀛洲讲得尤其具体，里面是这么描写的：瀛洲位于"会稽"，相当于浙江对面的东海上。山上不但有仙草、玉石、泉水，还住了很多仙人。最神奇的是，这些仙人没有像《列子》中说的那样，整天吟风弄月，飞来飞去，而是有着和吴越地方的人差不多的风俗习惯。

我们有理由怀疑，这到底是神仙，还是住在海岛上的普通人呢？我们今天知道，汉武帝的"神山探索小分队"在云雾缭绕的海岛上真的有所发现。那些仙山上的居住者，其实就是岛屿上有着自己风俗的原住民，而且他们和最近大陆上的居民有着相同起源——毕竟海岛上的居民都是从东亚大陆迁移过去的。这一发现，非但没有妨碍汉武帝把他们视作神仙存在的重大证据，反而更加坚定了他关于神山和永生不老的信念。随后他开始了更大规模的探索，不但在中国的东面寻找海岛，还把探索的范围扩大到了中国的北面、南面和西面。

天马的代价

对汉武帝来说，除了神山的具体位置和成仙灵药的效果以外，还有一个问题一直困扰着他：神山高耸在遥远的海外，到底要靠什么交通工具才能前往并登上位于"博山"之上的仙境呢？

西域方面，很快传来一个振奋人心的消息。有一个流落匈奴十多年的使臣，名叫张骞，他原本也是汉武帝派往北方的探索队伍中的一员——为了寻访匈奴的北面和西面到底有谁居住。张骞虽然没有带回神仙的消息，但他汇报，听闻在匈奴西面有一个叫作大宛的国家，那里盛产一种汗血马，是天马的后代，据说骑上以后，就能登上神仙居住的高山仙境。这个消息令汉武帝大为振奋。

西汉鎏金铜马,以大宛汗血马为原型而铸,现藏于茂陵博物馆。

汉武帝再次派遣张骞前往西域，这次只到了大宛北面的乌孙国，大约在今天哈萨克斯坦境内。最后张骞带着乌孙国赠送的数十匹骏马回到了汉朝，汉武帝对这些骏马喜爱有加，立即把它们命名为天马——尽管这些马并不能登天。从此，西域的物品开始源源不断地流入中国，比如葡萄、苜蓿等。今天江浙地区的家常菜清炒草头其实就是西域来的苜蓿，只不过马儿吃的是整棵苜蓿，人吃的是苜蓿的嫩叶。

随着西域往来使者数量的增加，加上张骞后来也去世了，汉武帝终于从西域使者的口中得知，他这么多年骑的其实是乌孙马，真正的天马依然在乌孙南部帕米尔高原西面的大宛城里。

汉武帝有一颗执着的心，他先是派人带了重金和黄金制成的金马专程前往大宛，想要购买天马，但这次交易没有成功。生气的汉武帝派遣妻弟贰师将军李广利，率数万兵卒，远征大宛，可是两年后返回汉朝的只有两三千人。这时，让汉武帝感到震怒的已经不是没有天马可以送他前往仙境，而是受到了大宛的拒绝和抵抗。第二年，他又卷土重来，调集六万大军、十万头牛和三万匹马，以及无数的驴和骆驼。《史记》中记载，为了给这支大军提供后勤保障，一共调动了十八万人负责粮草转运。这一回，将士们终于不辱使命，从玉门关外带回了几十匹大宛特产的"汗血宝马"，以及用于配种的三千匹公马和母马。当年派出的大军究竟有多少人归来，并没有一个确数，但汉武帝还是非常高兴地写了一首诗，名叫《西极天马歌》。他没忘记把当年的乌孙马改名为西极马，把新来的汗血宝马命名为天马。

昂贵的寻仙之旅

当然，直到最后，这些天马也没能驮着汉武帝登上传说中的神山。他多年来大规模寻找仙人的探险活动，一点都不便宜。不光大量人员外出考察需要经费，而且遇到远方民族的时候，客气一点的要送礼物，碰到脾气暴躁的免不了要打上一仗，这些都消耗了国家的大量资源。

我们回顾一下秦始皇的失败，大概也是如此。来自西方的秦始皇派遣徐福前往东海寻找仙人，同时也把希望寄托在向南、向北的探索上。结果在南方遇到了百越，在北方遭遇了匈奴。秦始皇迅速在南、北两个方向筑起长城，想要阻挡这些可能侵入他领地的人群。筑城之后，长期守城的支出，迅速耗尽了新帝国的财产。

秦始皇大概一直在纳闷，他费尽财力，努力寻找的能提供长生不老灵药的神仙，为什么从来没有出现。他没有想明白的是，那些"神仙"早就来到了帝国的门口。当他们在云雾缭绕的高山、在浩瀚大漠的彼岸时，他们是神仙；当他们脱掉浪漫的外衣，走下高山，跨过大漠时，他们就都变成了皇帝眼中的蛮夷。于是，当叶公好龙的秦始皇用

西汉玉仙人奔马，为汉代史籍中的天马形象，现藏于咸阳博物馆。

全国的财力建造了一堵阻隔蛮夷的高墙时，他也永远把博山上的神仙阻挡在他的宫殿之外了。

汉武帝要比秦始皇走得更远一点，毕竟他比后者"年轻"一百多年。他的将军和探险家为他弄到了可供驰骋的天马，他的探险地图也要远远超过秦始皇的视域。大漠以北、瀚海之西、南海更南，这里是边塞诗人的天堂，也是更多"神仙"的故乡。

最终，汉武帝和他的后人为了维护天马、葡萄、苜蓿以及龙脑香、苏合香的运输通道，花费了比秦始皇更高的管理成本。为夺取天马而发动的两次大宛战争，让西汉元气大伤，汉武帝也不得不发布一道用于自我检讨的《轮台罪己诏》，表示自己不应为这些远方的奢侈品耗费如此众多的民财。然而，汉武帝的后人们并没有从中吸取太多的教训。他们除了依然保持着对神仙世界的向往，还肩负着维持祖先疆域的重责，哪怕这将使他们承担无法缓解的财政压力。

与这些远方"神仙"的交往，迅速耗尽了西汉的财富，也包括那些原本用来制作博山炉的青铜原料，并且间接导致了西汉最后的衰亡。

从"神仙"到"蛮夷"

汉武帝对博山炉这种用"失蜡法"制成的镂空铜质香

力士骑龙博山炉，河北满城中山靖王墓出土，现藏于河北博物院。

炉非常满意，还制作了很多分发给各地的诸侯贵族。其中相当一部分还有鎏金，更显出神山的魅力。我们今天看到的博山炉，大多来自西汉诸侯的墓葬，博山炉大概能代表当时上层社会比较普遍的精神追求。汉代后期，国家经济陷入困境，大部分铜料都被拿去铸造铜钱了。东汉及以后制成的博山炉多是陶瓷的，失去了原先的那种神韵，或许让神仙的法力也下降了不少。

现在，我们对博山炉这样一种独特的器物有了全新的认识。毫无疑问，这类贯穿了中国公元前后共四百多年的物质文化制品，完全有资格代表秦汉王朝的时代交响曲。

秦始皇和汉武帝这对好伙伴，携手开创了中国古人的求仙之路。这段历史，恰好被汉武帝时期发明的博山炉给记录了下来。这种特殊的容器，因为装入了来自南方的香料，散发出独特的香气，让人们在吸入香气的时候，不禁想象自己进入了神灵的世界。

对神仙世界的向往和追求，为秦汉时代带来了更广阔的现实世界。从一开始对"仙界"物产的热衷（天马），到最后和"神仙"关系的变化（以武力手段对待天马的拥有者），不管是造成了国家财富的迅速流失也好，还是为中国引入了更多外界联系和产品也罢，这些活动都不可逆转地改变了中原王朝本身的发展轨迹。

这些迷你版的神山，也并非毫无用处。通过它们，我们知道了中国古人想象中的天堂模样。在这之前，对于这个神仙世界，都只有模糊的文字描写，现在被汉代的工匠用立体的形象表现了出来。而且，从这座海上神山开始，中国人的精神世界被基本定型，以后包括绘画、雕塑、园林，甚至地毯编织在内所有的平面和造型艺术，全都是从这里演变出来的。浓缩在博山炉中的神仙世界，对中国古典美学影响深远。

那些在远方生活的民族，也在汉朝的寻仙过程中，和中国发生了联系。尤其是北方民族被汉朝探险家带来的礼物所吸引，携带着原有自然环境的烙印，沿着汉朝铺设的求仙之路，缓缓南下，最终来到了汉朝的边境。当这些远方之人和汉朝走得越近，他们距离神仙的身份就越远，并最终成了汉帝国眼中没有开化的蛮夷。

随着所谓的蛮夷在汉朝周边越聚越多，中原王朝的财富流失也变得越来越快。王朝的继承人们也在琢磨，应该采用一种什么样的方法减缓衰落的速度。不出所料，他们很快就想出了似乎可行的对策，并在不经意中，拉开了新时代的序幕。下一章，我们就从壁画这种特殊的历史记录方式中，解读中央王朝曾经引以为豪的策略，看看这种策略如何引导蛮夷从遥远的故乡走到了历史舞台的中央。

从东汉壁画揭开草原部落崛起之谜

草原部落从哪里来

东汉结束以后，中国进入了短暂的魏晋时期，之后就迎来了著名的民族大融合时代。打东边来的鲜卑，打西边来的氐羌，先后建立了十几个国家。它们在中国北方分分合合，非常热闹，最后融合成一个新的时代。

强大的汉朝是如何终结的，是古今学者都百思不得其解的问题。很多人把原因归咎于宦官专权、外戚干政，甚至具体到个体的贪腐。这些五花八门的解答，很难得到多数人的认同，所以难免不时激起新一轮老生常谈的讨论。

至于魏晋南北朝，更是引人思索。在中国文明里，书法、绘画、文学，这些影响深远的文化要素，都发轫于这个时期。无人可以否认当时文化的发达，开风气之先的人物数不胜数。然而，明明已经再度恢复统一的中国，在西晋建国五十年后，很快就走向分崩离析。

另外，和魏、晋两代的颓废氛围相反的是，鲜卑、乌桓、氐羌这些古代民族，在"后汉"时期（这里的"后"，意思类似后现代的"后"）却表现出旺盛的活力。他们在"十六国"的舞台上频频登场，开创着自己的时代。比如氐羌，是西秦、五凉等一系列国家的创建者，它们和东晋之间的互动，留下了众多有趣的故事。它们对今天中国成语词典的贡献，是仅次于春秋战国时代的，产生了投鞭断流、风声鹤唳等词汇。更有鲜卑各部，建立了北方另一系列的国家，尤其是以北魏为基础的北朝诸国，对隋唐时代统一局面的再度开创厥功甚伟。

对我们当代人来说，魏晋时期仍有许多疑问有待解答，比如：鲜卑族是从哪里来的？有人从语言学的角度猜测，鲜卑一族的名称，暗示着他们来自西伯利亚的北方森林，因为"西伯利亚"有"大森林"的含义，和"鲜卑"一词同源。也有人说"鲜卑"的本意，和当代中国民族"锡伯族"一样，有着"森林人"的意思。现代人类基因组研究也显示，与古代鲜卑人群最接近的当代人类群体，的确是生活在北亚地区的现代民族。然而，这样一群来自北方的民族，是如何在两汉与汉魏之际步步南下，建立影响后世的伟业的，依然是个未解之谜。

中国古代的历史文献，比如作为史籍里程碑的"前四史"——《史记》《汉书》《后汉书》《三国志》，没有为这些问题提供足够清晰的答案。等到史书对游牧民族有了足够的关注时，它们往往已经有了国家的雏形。至于这些古代民族是如何壮大起来，又是怎样步步为营，开疆拓土，走上巅峰的，史书却都语焉不详。

好在，虽然没有充分的文字记载可供参考，但汉代的画师们却以不亚于史学家的智慧，用他们自己独特的方式，把这些问题的答案画在了漠南草原中一座墓葬的壁画上。

作为信息载体的壁画

壁画，顾名思义，就是画在墙壁上的画。人类在墙壁上作画的历史非常悠久，在大约 1.5 万年前的旧石器时代末期、新石器时代之初，人类就开始尝试在洞穴的岩壁上绘制日常生活的有关场景。尽管此时画面上的人都非常抽象，但与人有关的动物非常生动，体现了人类与生俱来的洞察力。

这些洞穴壁画，加上有着共同起源的岩画，后来就成了绘画的起源。在洞穴岩壁上作画，虽不如在纸张、画布上作画来得方便，也不方便欣赏、携带，但这些绘画因为载体的独特性，被长久地保留了下来。砖头、石头自然要比纸张和布匹更加耐久，而且壁画的画面更大，远超纸张等其他载体的面积。加之建筑物本身的立体感，壁画不像纸张那样具有明显的边界，可以借助房屋等建筑，提供一种三维空间的连续感。

我们要讨论的这幅壁画，位于内蒙古呼和浩特东南的和林格尔县的汉墓中。"和林格尔"是蒙古语，意思是"二十间房"，因为清初这里有一座规模为二十间房屋的驿站。虽然清代时它的规模不大，只有寥寥几座房屋，但在秦汉时代，这里是威震北方的云中郡所在。这座墓葬大约建于东汉末年，所以在考古学上被简称为"汉墓"（两汉墓葬），因为这里除了汉人，也是匈奴等北方人群活动的范围，所以这个名称又有了双层含义。

这座汉墓由于早年被盗，大部分文物已遗失，考古学家翻遍墓葬也无法确认主人的名讳，所以我们至今也不知道墓主人的名字。但在墓室四壁，从甬道一直到内室的墙上，都绘制了精致、鲜艳的壁画，将墓主人由"举孝廉"到"致仕"的全部人生履历描绘了下来。其中除了有他为官的繁阳、宁城、离石等府县市邑，还有他待过的官署、幕府、坞壁、庄园等各种建筑，还有与日常生活有关的出行、仪仗、饮宴、围猎、视察等劳作景象和生活画面。①

所以这座汉墓虽被盗掘，可满墙的壁画，因为绘制了墓主人一生的轨迹，已将这座古墓一半以上的价值保留了下来。从壁画中可以发现，墓主人名字阙如，但他在晚年担任过汉代管理乌桓、鲜卑等北方民族的最高长官——护乌桓校尉。研究者将他的官职和文献记载的同时期担任过

① 盖山林，《和林格尔汉墓壁画》，内蒙古人民出版社，2007年，第11至12页。

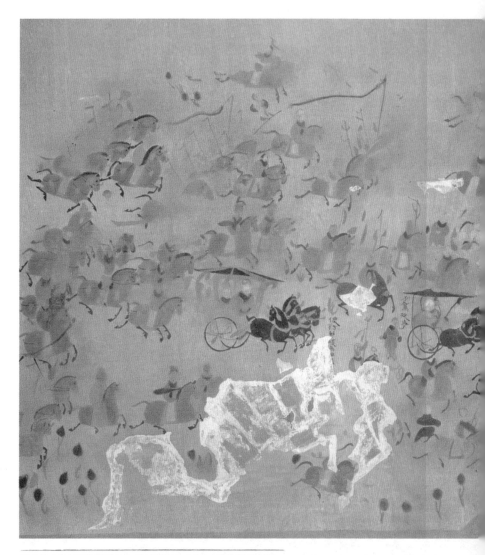

《汉使持节护乌桓校尉出行图》，呼和浩特市和林格尔县东汉墓壁画摹本。

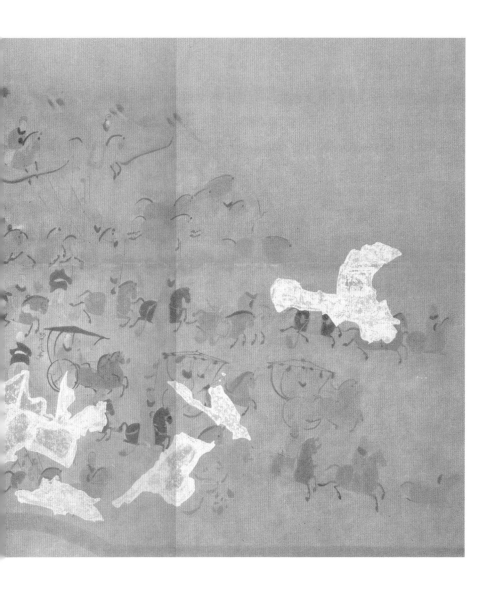

此岗位的东汉官员进行了比对，没有发现吻合的人选，所以认为他是一位没被文献记录的护乌桓校尉。

壁画中，他多年的职官升迁过程，以及与管理下的匈奴、乌桓和鲜卑等人群的关系等信息，也都被保留了下来。于是，这位无名的护乌桓校尉，就在无意中把北方民族隐藏在历史深处的起源和壮大过程，巧妙地嵌入了他身后留下的这笔宝贵财富中。

"李将军" 传奇

从壁画上的"出行""仪仗"等内容可以看出，墓主人一生长期担任着东汉重要的边疆大吏，大部分时间是在战马上度过的。因为在汉代，尤其是西汉，最有名的武将，不管是战功显赫，还是留有瑕疵，以李姓居多，所以我们就暂时给他一个称谓——"李将军"。李将军的戎马生涯一共分为三个阶段。

他一开始担任了山西吕梁地区（西河）的长史，这里在古代一直被称作离石，拥有西渡黄河去往陕北地区的重要渡口。这里也是南匈奴归顺汉朝以后的驻扎地点，在此任职的官员承担着监管匈奴部落的重任。匈奴和汉朝"相爱相杀"了几百年，最后北匈奴消失在中亚草原，南匈奴归顺汉朝。在这以后，东汉每年要向他们提供一亿零九十多万铜钱的安置费，这还不包括粮食、牲口、车马和金银等方面的供给。所以担任西河长史，每年光是给南匈奴分发钱物、赏赐就有数不清的事情要做。

可能是他监管匈奴时公正廉洁、地方安定，所以几年后他就升任了行上郡属国都尉，这是他职场生涯的第二个阶段。现在他的驻地从山西西部来到了陕北榆林，因为这里安置了刚从西域迁来的北匈奴降顺部落。

北匈奴之所以投诚，和李将军管辖下的南匈奴有着密不可分的关系。东汉政府每年提供给南匈奴的财物，并不是无偿的，条件之一就是在必要的时候他们要参加汉朝的军事活动。东汉时发动的规模最大的远征，就是由南匈奴左谷蠡王率领的上万骑兵和其他许多北方部族共同参加的，而战争的对象就是北匈奴。

南匈奴的出征取得了大胜，李将军得到升迁，管理职责也越来越大。所以，壁画上特别画出了他管理的三层高的仓库，边上还特别画出了两个下级官吏，他们身旁分别写着管理金银财物和分配粮食的不同职责。作为匈奴赏物的分发者，李将军自然坐拥巨大的财富，这让他的幕府官邸也显得分外奢华、高大。

李将军的人生在第三个阶段达到顶峰，他在去世之前升迁到了护乌桓校尉的岗位上。这个职位每年的俸禄是两千石，按今天的标准，相当于省部级领导岗位。他的驻所也从陕北迁到了辽宁西部、内蒙古东部的赤峰，管辖范围非常广阔。他不同于一般负责内地一郡的"两千石"，而是驻守一方的封疆大吏，这个"护乌桓校尉"其实有点类似大军区司令。

在李将军处于人生顶峰的时候，让他最得意的一项成就，在壁画上也是通过仓库来体现的。所有壁画中，有一幅画着一位身材高大的仗剑官员，可能就是李将军的肖像。他的背后有一个两层高的巨大仓库，上面清晰地写着"护乌桓校尉幕府谷仓"。这个谷仓比起之前西河长史、行上郡属国都尉的谷仓，有过之而无不及，好像是要和李将军"两千石"的身份保持一致。

相邻的壁画上，是人头攒动的市场，特别画着贸易的场所。这幅图，就是非常著名的《宁城图》。上面画出市场的区域，特别标注着"宁市中"的汉隶字样，似乎是在提醒我们：这或许是整个宁城里除了护乌桓校尉的幕府外，最值得关注的一景。市场中，前来交易的人群骑着高头大马，井然有序。尤其是马上的骑士，个个威武异常，细看之下又全不似汉家打扮。

李将军出行的仪仗、生活中的盛大排场，也被记录下来。出行时有上百人的马队，高度繁华的街道，还有各种歌舞娱乐，都显示了他作为封疆大吏的尊贵地位。

这位不知名的护乌桓校尉人生中最值得记录的闪光时刻，永远定格在了这座墓室各个房间的总共一百多平方米的墙壁上。

护乌桓校尉幕府谷仓，呼和浩特市和林格尔县东汉墓壁画摹本。

《宁城图》"宁市中"局部,从中可以看到许多前来进行贸易的骑士。

自西汉以来，汉武帝继承秦始皇的事业，听信方士之言，不断努力向西域寻找可以抵达神仙世界的天马。为了扫清和巩固天马来到中原的道路，他与继任者一起，不断对匈奴用兵，结果造成了两败俱伤的局面，也导致匈奴分裂成南、北两部。

在寻找天马和神仙的过程中，汉朝在匈奴北面的大森林里发现了许多不同于匈奴的人群。这些原本被当作"神仙"的人群，随着和汉朝的交往，就沿着大兴安岭陆续南下，来到了汉朝的身边。

自东汉以来，汉朝的边防将领开始有意识地把这些同样骑马放牧的人群武装起来，鼓励他们和汉朝军队一起进攻北匈奴。就这样，汉朝赢得了对匈奴的压倒性优势，匈奴部落不断向汉朝投降，在汉朝定居。长眠在和林格尔古墓中的李将军，就是在这样的背景下，得到了多次升迁的契机。

从管理匈奴到管理乌桓、鲜卑，李将军被壁画记录下来的人生闪光点，折射了东汉边境政策的变化痕迹。

这样的政策，也对乌桓、鲜卑产生了深远影响，为了鼓励他们进击匈奴，东汉提供了大量财富物资，其中最重要的是谷物粮食。从壁画上让李将军非常骄傲的谷仓可以看到：高头大马上的北方骑兵为了获得粮食，对李将军俯首帖耳，让他享受着盛大的排场。

这些粮食让北方骑兵的人口急剧增长。更多的粮食带来了更多的骑兵，更多的骑兵积累了更大的战功，更大的战功又为他们赢得了更多的粮食和赏赐。这就像滚雪球一样，产生了一个人口高速前进的增长循环。

我们在壁画中看到的就是这种增长过程中的一个片段。骑着战马的北方骑兵，来到了护乌桓校尉的幕府，因为战功接受赏赐。然后，他们又把刚刚得到的赏赐拿到市场上，购买粮食、金银首饰、铜镜、上好的布匹，甚至还有汉地制造的精良铁器，带着这些回到位于草原上的营帐。因为乌桓、鲜卑骑兵出手阔绰，所以汉朝内地的商人也纷纷前来出售货物，提供歌舞娱乐。这一切，让这个塞外小城，拥有了不亚于内地都市的繁华景象。

劳苦功高、富可敌国，就是这位护乌桓校尉人生顶点的写照，他并没有辱没皇家的汉官威仪。只是这一切，与日渐疲弱的汉朝有些不太相称。当鲜卑、乌桓从李将军这里取走越来越多物资的时候，他们终将变得富饶与强大，而这将永远改变东汉的命运。

从雇佣军到对手

我们现在已经知道，原来的乌桓和鲜卑，只是一些一百多人的小型部落，他们在最初的发展阶段可能比这个

规模还要小。但在东汉政府，以及历届护乌桓校尉的鼓励下，他们在短短一百年里，就演变为上万人的部落国家的雏形。这完全是汉朝的基本政策产生的必然结果。

鼓励鲜卑和乌桓进攻匈奴，为东汉节省了大量开支。这让东汉既不用担心劳动力减少，也不用操心往战地运送粮草的开支，只需要准备不算太多的赏钱就行了。谁让鲜卑骑兵都是自备坐骑的廉价雇佣军呢！得到赏钱的鲜卑，除了人口剧增以外，社会结构也发生了惊人的变化。如果"当兵"是收入最高的谋生手段，那么何不全民皆兵呢？在汉朝金元政策的推动下，鲜卑社会大部分的成年男性成了不事生产的马背骑士。这些骑兵得到了汉朝的经济支持，并且提升了装备技术，与常被围剿的北匈奴相比，有着更高的战斗力。

为了奖掖他们的战功，东汉政府还通过历任护乌桓校尉对他们进行绩效管理，对战功卓著的部落首领，给予"率众王"一类的荣誉称号。这些称号，在汉朝方面可能仅仅是一时兴起、随口诌来，但对于原本没有太多社会阶层，大部分都是平等成员的鲜卑社会来说，就成了人人生畏的权威阶层的封号。

顶着"大王"的头衔，加上护乌桓校尉给予的粮草和币帛，让鲜卑首领有机会招募其他部落加盟自己的军队。如同滚雪球一般，北方草原或森林上原本零散居住、放牧的群体，现在有机会团结在一个大王的名下，一起行军打仕了——只要大王定期给他们发放赏钱。不用说，这些赏钱是从护乌桓校尉的谷仓、钱库里分拨而来的。

我们知道，在汉军和鲜卑雇佣军的夹击下，北匈奴最终会从蒙古草原的西北角遁入茫茫中亚。有朝一日，作为曾经的"赏金猎人"，鲜卑骑士们会突然发现，已经没有猎物可寻了。没有猎物，就意味着没有赏赐；没有赏赐，就意味着汉官的谷仓不会再向他们打开；没有谷仓，就意味着他们位于漠南草原营帐中的家人将会挨饿。

经过历任护乌桓校尉一个多世纪的努力，那些原本各行其是的牧民、农民或者猎人、手艺人，都已变成整齐划一的马背骑士。除了征战劫掠，他们一无所长，而且他们现在已经有了一个发布命令、进行指挥的大王了。

昨天还在汉官的府邸前受赏，今天就会因为饥饿冲击官府的谷仓，拿走陈陈相因的钱粮。李将军汉墓壁画上曾经繁荣的集市，就此破败、消失。昔日的雇佣军，转眼成为最熟悉的对手。

从这个时候开始，我们在史书中看到的鲜卑部落的形象终于丰满起来。他们成为骚扰农业文化的讨厌鬼，成为史书记载中的反面角色。然而，很少有人注意到，他们曾经是那位不知名的李将军的得力帮手、最勇敢的骑兵，曾经在护乌桓校尉的谷仓前、集市中留下了自己的身影。

在不久的将来，汉朝就要面对最严峻的考验，后面的故事都已见诸史端。不消说，鲜卑对三国、两晋、南北朝的历史，产生了不可磨灭的影响。

破解无字史书

这座位于内蒙古东部的古墓埋藏着一位不知名的"护乌桓校尉"，他的墓中留下的壁画，帮我们解开了一个千古之谜：那些不断出现在汉朝北方边境上的骑马民族从何而来？真相只有一个，他们不是从天而降，也不是突然南迁到汉朝的周边，他们都是在一两百年的时间里，被汉朝培养出来的，只是因为时间跨度长，几乎没有文献可以准确记录这个过程。而今，他们已经从这座古墓的壁画中显露出自己的身影了。我们再沿着历史脉络往下想，就明白这一过程也折射出后来蒙古、女真民族的崛起之路。

墓葬中的壁画，是中国古代美术史的重要组成，从汉代早期的画像砖，到东汉中后期一直往后的彩绘壁画，不仅具有艺术价值，更是一部随时准备启发我们的"无字史书"。不仅如此，再往后，中国绘画中的人物画、山水画，甚至花鸟画的传统，可以说都是从这些绘制在墓葬中的独特画作发展而来的。

要理解壁画艺术的真正内涵，离不开对当时历史和人们精神世界的了解，此外，还要再加上一些想象力。人们之所以绘制壁画，其实是努力呈现他们头脑中对世界的认识。比如，后来的佛教寺庙、道教宫观中的壁画，是为了给信徒供奉的偶像提供更广大的布景。

　　那位无名护乌桓校尉，通过他一生的"连环画"，给我们上了一节"看图说话"课。如何把壁画中的信息充分解读，从亭台楼阁、官署、谷仓、集市，甚至马匹和骑士的装束，分析出一个惊人的故事，就是对图画观众最大的考验——这种研究方法，被称作"图像志"研究。它需要我们把图画上的每条信息，用文字描述、翻译出来。通过这种"转译"，我们就能超越博物馆中普通观众的走马观花式观察，变成一个见解独到的解读者与思考者。

　　我们对中国绘画史的研究已经非常丰富，但对古代壁画的了解还远远不足。那些绘制在敦煌、永乐宫墙壁上的壁画，除了神秘莫测的彼岸世界、腾云驾雾的神仙故事，还有很多历史真相隐藏于其中。

　　说完隐藏在壁画里的鲜卑骑兵，我们在下一章里又要把视角转回到中原王朝，通过"书法"这门大家都知道的书写艺术，探讨王羲之和他背后令人怅惘的东晋王朝。

于會稽山陰之

也羣賢畢至

有崇山峻領茂林脩

魏晋的困境

谈过了隐藏在壁画中的古代民族的崛起之路，现在让我们换个角度，从书法这种中国独特的艺术形式出发，探索魏晋时代，以及汉地居民思路精奇的应对之策。

我们对魏晋时代的了解，或许最初都来自《三国演义》。我们从这本小说中熟悉了魏、蜀、吴三国的奇谋妙计、义薄云天，也了解了三分天下与三国归晋。这本小说之所以引人入胜，一个关键点就是它对大大小小的战争场面的描写。而诸葛亮、司马懿等人之所以计谋百出，也是为战争服务——如果不是为了战胜对方，何必费尽心思、钩心斗角？

《三国演义》可以让后世读者大饱眼福，但对这些战争的亲历者而言，无疑是天大的灾难。

从东汉末年的黄巾起义开始，汉朝以及之后的大部分战争，都发生在自己的边境以内。早先，汉朝政府努力把战火阻挡在疆域之外，先是招募氐羌出征西域，接着征召南匈奴平服叛乱的氐羌，最后"贿赂"鲜卑骑士进剿匈奴。这一切的前提是，汉朝至少能保证自身生产（农业、纺织）区域的稳定输出，用山东、河北的钱粮，去满足雇用氐羌、南匈奴和鲜卑的费用。然而，随着战争的频繁发生，以及招募费用的节节攀升，难以应对的华北平民，走上了逃避、叛离之路。

以黄巾起义为标志，包括火烧新野、赤壁之战等后来我们耳熟能详的经典战役，全都发生在汉地王朝的核心区域。这些战役我们之所以熟悉，原因之一就是战争发生地就在我们身边。发生在内地的战事无疑加剧了战争带来的双重恶果：田园荒芜、农人流离，使汉地政府失去了最基本的经济基础，如此，更加无力组织有效的安抚措施，进而加速了原本就饱受外患的国家的分崩离析。

面对种种困境，一种古老的观念，对人们产生了致命的吸引力。比如黄巾起义的主事者，就虚构了一个"太平世界"。这个世界同样利用了华南本土信仰中的"神仙"观念——秦始皇、汉武帝可以追求隐藏在博山中长生不老的神仙世界，普通百姓在现实压力面前，同样有理由追求那个幸福的彼岸世界。黄巾起义的主事者，通过宣扬永恒幸福的"太平道"观念，吸收了山东、河北、江苏等地的大量民众。

这个时候，那个原本只有去世祖先之灵才会栖居的永恒之境，似乎改变了入口方向，成了无数生者争先恐后以求安生的避难所。从某种程度上来说，这是所有宗教共同的源头。

尽管黄巾起义在几个月内就告停息，可对"太平世界"的追求，却在接下来的魏晋时代里无法止息，成为包括艺术探索在内的思想源头。

宗师辈出的时代

魏晋是中国许多艺术的发源时期，文学上有曹氏父子的"建安风骨"，陆氏兄弟的辞赋；绘画上有顾恺之、张僧繇等"六朝四大家"。

对于书法，魏晋更是开创纪元、名家辈出的鼎盛时期。比如今天流行的楷书的鼻祖，就是曹魏书法家钟繇。草书同样形成于东汉末年，繁荣于魏晋，最有代表性的是稍长于钟繇、有着"草圣"之誉的张芝，他开创了"一笔成字"的书写方式，对草书的发展有重大的推动作用。他们打破了早期篆书、隶书的垄断局面，把书法往去繁就简的道路上推进了一大步。从他们开始，中国字的写法和我们今天就一脉相承了。

张芝和钟繇这两位书法家还有一个非常有趣的共同点。张芝的父亲张奂是东汉末年的名将，担任过护匈奴中郎将、度辽将军（这个官职有资格调动鲜卑、乌桓等东部部落的军力）等职。这使张芝从小就对当时的边境战事有東汉张芝《冠军帖》(淳化阁本)。

着深入的了解。而钟繇在担任司隶校尉之时，也曾平定南匈奴单于的叛乱，这为他后来在曹魏时期位至公卿打下了基础。

这个时代最伟大的书法家是王羲之。他比张、钟二人晚半个多世纪出生，活跃在东晋之初。王羲之在楷书、草书方面博采众长，吸收了张芝和钟繇的精华，发展出自己独特的风格，成为集大成的万世"书圣"。《晋书》中称王羲之的字"飘若浮云，矫若惊龙"，从一板一眼的隶书中，变化出一种行云流水的行书。

南朝宋的书法家虞龢在《论书表》一文中说："洎乎汉、魏，钟、张擅美，晋末二王称英。"意思是说，钟繇、张芝和王羲之，再加上王羲之的小儿子王献之，就是中国书法殿堂中的四尊大神。他们后来被称作"书中四贤"，以后的书法家，往前追溯传承，必然要追到他们这里。

中国书法的集中繁荣之所以出现在魏晋时代，并诞生了一位书法的大宗师，肯定不是一种偶然。王羲之能成为书圣，不仅因为他天赋异禀，前辈学者还表明了一个非常有意思的原因：他的家族具有一种与众不同的特征。历史学家陈寅恪在《天师道与滨海地域之关系》里提出过一个观点，认为王羲之家族的好几辈都是"天师道"的骨干成员。正是这种宗教本身的需求，为王羲之和王献之的书法和人生提供了独特的气质。

我们知道，"天师道"和引导黄巾起义的"太平道"

是一脉相承的。这种宗教氛围与王羲之的人生相伴始终，也反映了他所在的魏晋时代陷入的困境。当我们从这个角度重新审视"魏晋风度"时，或许就能发现一些困扰南朝人士的现实烦恼。

接下来，我们就从王羲之的书法和道教的关系中探索书法是如何成为一种具有魏晋时代烙印的艺术产物，并折射出这个时代的真实一面的。

飓风之眼下的兰亭会

公元 353 年的暮春，也就是东晋穆帝永和九年的春末，东晋对后赵的北伐正在紧锣密鼓地准备中。时值后赵内乱，东晋打算派遣建武将军殷浩兴师北伐。而在南方的绍兴，殷浩的挚友、当地最高地方长官绍兴内史王羲之，在一个叫兰亭的景点组织了一次聚会。加上他，一共有四十二个地方官员和亲朋好友参加了此次活动，其中也包括他的几个儿子。

虽然北方的战事正在酝酿中，但这群人却游兴正浓。他们闲坐于竹林，面前一条小溪流淌。他们毕竟是当时最有名的一批文人，所以决定玩点高雅的游戏。他们在小溪里放了一只半满的酒杯，任凭酒杯随溪水流动，在谁的面前停下，谁就得饮尽杯中酒，并当场吟诗一首。这种玩法就是屡受后人称道、效仿的"曲水流觞"。

永和九年歲在癸丑暮春之初會

于會稽山陰之蘭亭脩禊事

也群賢畢至少長咸集此地

有峻領茂林脩竹又有清流激

神龍本《蘭亭序》（唐朝馮承素摹本）局部，現藏于北京故宮博物院。

参会的四十二个人中，只有二十六个人完成了挑战，十六个人挑战失败，包括王羲之的儿子王献之。

这二十六首诗被收入了一部叫作《兰亭诗》的小集子，一直流传下来。王羲之作为此次集会的东道主，还特意为诗集作了一篇序文，称作《兰亭集序》。虽然参会的人士中不乏当时的诗文大家，比如以文采著称的孙绰、谢安等人，但他们的文字都不如王羲之的这篇序文有名。

其原因之一固然在于王羲之书法的精湛。当时他正值壮年，书法功力尽显，使这篇序文成为中国书法的巅峰之作。原因之二是这篇文章作为魏晋散文的典范，表达了"向之所欣，俯仰之间，已为陈迹，犹不能不以之兴怀"的心境以及"古人云：'死生亦大矣。'岂不痛哉"的感慨。

这篇书法的手稿，在王家传承了七代，传说被唐太宗李世民收藏，最后带入昭陵随葬。我们今天看到的《兰亭集序帖》，是唐代以前的书法家根据王羲之真迹临摹的，后都被收入宋太宗时摹刻的《淳化阁帖》中，得以流传后世。

这份丛帖一共十卷，除第一卷为历代帝王书法，第二到五卷都是历代名臣和书法名家的字帖。而王羲之一个人的书法就占据了六、七、八三卷，《兰亭集序帖》大约是其中最有名的，他的儿子王献之又占了最后两卷，王家父子的书法占据了这部丛集的一半。就是这份北宋时完成的《淳化阁帖》，奠定了王羲之中国书法第一人的地位。

说完《兰亭集序》的故事，也大致了解了王羲之被塑造为"书圣"的过程，我们还有一个问题没有解开——这个飓风之眼下的安逸故事背后，似乎还隐藏着另外的惊涛骇浪。

我们知道，永和九年东晋正值用人之际，主持朝政的是和王羲之私交甚笃、曾任会稽王的司马昱，而北伐领军又是他的挚友殷浩。但他作为绍兴内史，却在自己的辖地召集了一场兰亭修禊的聚会。这会不会给"书圣"的形象留下一点瑕疵呢？

王羲之的隐藏技能

为了解开这个疑惑，我们还要回顾一下王羲之的家庭背景和时代特征。

按照通俗的说法，王羲之学习书法的过程是这样的：他自幼跟随当时的女书法家卫夫人学习；长大以后，分别从前辈钟繇的楷书、张芝的草书中领悟到了书法的真谛，然后勤学苦练，成为一代宗师。

然而事情并没有这么简单。王羲之的家族，属于东晋著名的琅琊王氏，追随司马睿南渡有功，一直担任东晋的辅国重臣。虽然父亲王旷在他早年就已去世，但王羲之有一位叔父，名叫王廙，对子侄辈都非常照顾。王廙不但是东晋的辅国将军，而且在书画方面堪称一流，在东晋之初被称为"江左第一"。此外，王羲之的岳父名叫郗鉴，担任过东晋的太尉，也是当时有名的书法家。他挑选女婿的方式很特别，并不在意谁的官职更高、学问更好，也不看谁的字写得好，而是在一群相亲面试的小伙子里，挑选了一个靠在床上、衣冠不整、袒胸露腹吃大饼的青年，并留下了"东床快婿"这个成语。而这个小伙子就是二十二岁的王羲之。

王羲之生长在这样的环境下，既有家学渊源，又有家族背景，想不练好书法也很难。不过，王羲之的叔父和岳父除了都是著名书法家、东晋高级官员这两个相似点外，还有一点，他们都是当时有名的道教信奉者，并且在道教中担任了重要职位。这点已经有研究者充分考证出来了。[①]所以，当年岳父挑选女婿时，偏偏挑中一个不修边幅、具有隐士风度的王羲之，不是没有道理的。除了王羲之的这两位长辈，文献还记载，他的儿子、小舅子都信奉道教。而且这几位都出现在了永和九年山阴兰亭的聚会中。

陈寅恪先生曾经论证，和王羲之交往最密切的有两类人，一类是书法名家，另一类就是当时有名的道士[②]，就像他的叔父和岳父一样，而这两类人士其实是高度重合的。东晋流行的道教，是名为"天师道"的上清派，这是东汉末年"太平道"的最新支系。它受到佛教的很大影响，

---

① 祁小春，《迈世之风》（下篇），文物出版社，2012年，第486至492页。
② 陈寅恪，《天师道与滨海地域之关系》，收入《金明馆丛稿初编》，三联书店，2001年。

鼓励人们通过修行，让灵魂进入上天的仙境之中。

在天师道的修行方式中，除了归隐山林外，还有三项具体行动：第一，抄写大量道教经文，积累修为；第二，想象自己遨游玄妙的仙境，并把这些经历用"奋笔疾书"的方式记录下来，我们也可以把这理解成"草书"[①]；第三，高等级的道教人士，可以为普通信徒书写用于消灾的"符箓"，也就是我们通常调侃的"符咒""鬼画符"。这种道教符箓今天仍可看到，其中一个重要特征就是，不论多么复杂的符文，都是"一笔"草成，堪称龙飞凤舞。

王羲之家族世代信奉"天师道"，也在教中任职。可以说，练习书法，就像是一种世代流传的家族技能。正是这种大量抄写经文的积累，加上写"符咒"时的行云流水，赋予了王羲之书法那种与众不同的洒脱和飘逸。

来自永和九年的三封信

永和九年，兰亭修禊前不久，王羲之给殷浩和司马昱分别写了一封信。这两封书信的真迹虽然没有留下，但书信内容保留在了《晋书》王羲之的传记中。

他对殷浩说，东晋多年来多次北伐，增加了普通百姓的生产压力，这样的为政之道"殆同秦政"。而即将开始

① 王家葵，《陶弘景丛考》，齐鲁书社，2003年，第128至129页。

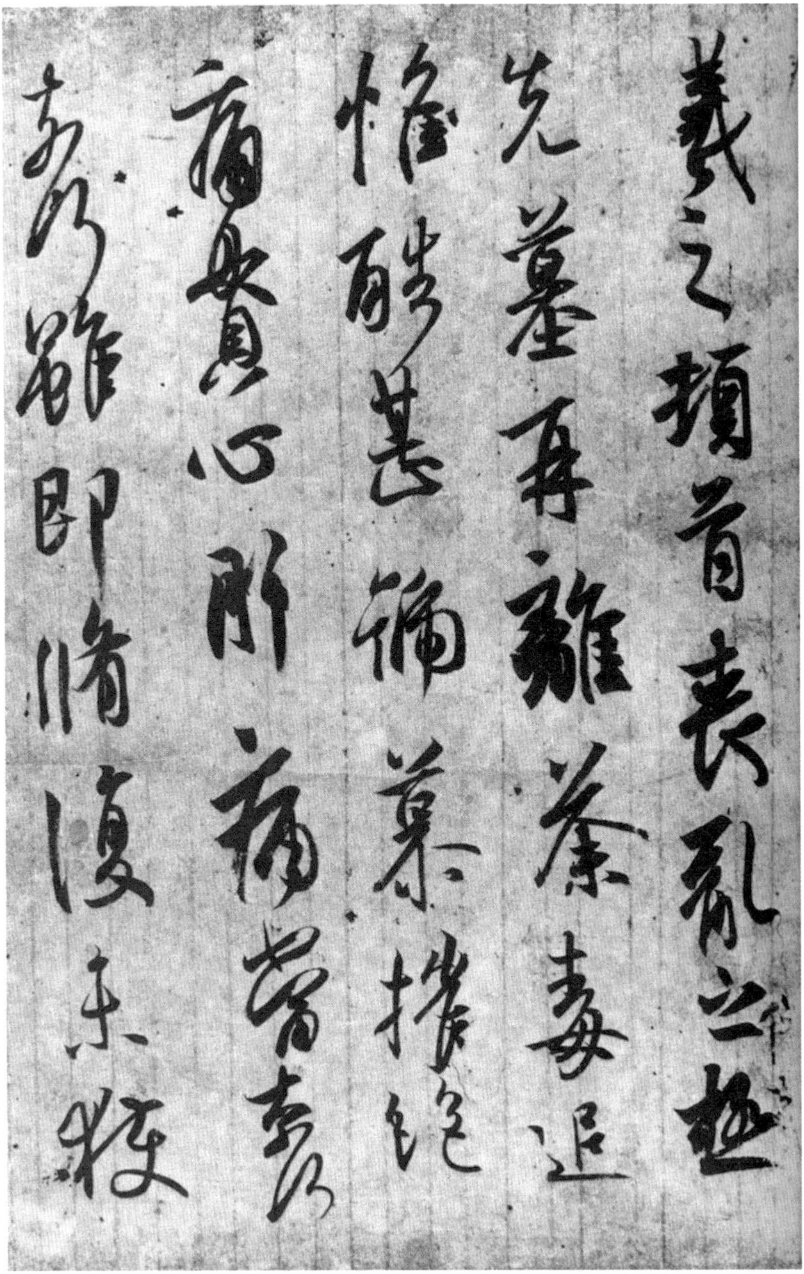

王羲之《丧乱帖》局部，现藏于日本宫内厅三之丸尚藏馆。

的又一轮北伐，除了是政府用殷浩来压制桓温的一项策略之外，对国家并没有太大的帮助。因此他对战事的前景始终抱着一种悲观态度。

他在给司马昱的信中，重申了同样的道理，并且以更具体的数据，痛陈了东晋北伐的症结。要从长江流域远征洛阳、许昌，并继续推进到黄河沿线，需要非常高昂的后勤支出，这种"千里馈粮"的举措，"虽秦政之弊，未至于此"。因为对于东晋而言，已经无法组织起支撑如此大规模战事的生产基础了。

然而，无论是东晋政府还是殷浩，都没有听从王羲之的建议。在之后两年中，殷浩的北伐在许昌附近彻底失败，东晋损失惨重。为晋军战斗到最后的一位中级军官，是四川广汉人王彬之，死于安徽蒙城。很少有人知道，他也曾是永和九年山阴聚会中的一员。最后殷浩被贬为庶民。王羲之则在永和十一年（公元 355 年）辞去了会稽内史的职务，彻底地追求他的"放浪形骸之外"去了。

在辞官之前，王羲之还给尚书仆射谢安（后来淝水之战的指挥官）写了一封信，简述了自己辞官的主要原因。从这次北伐开始，参与运粮和军队后勤补给的百姓便苦不堪言，纷纷逃亡。而负责组织百姓运粮的下级官员，因为无人可派，索性一同逃跑了。源源不断的逃亡，连刑法坐监也无力禁止。王羲之这位绍兴当地的最高长官也无能为力，他不能为政府的军需征集粮草，也不忍坐视百姓受到无情的重责，只好效法那些低级官员，甩手不干，逃往那无人催讨的"仙境"算了。

王羲之辞官后居住在剡县的金庭，那是绍兴南部山区的一块小盆地。他和道士朋友游山玩水，留下许多书法作品，还喜欢饲养大鹅。然而，根据道教文献记载，王羲之晚年由于眼睛逐渐失明，已经看不见字，更无法书写。有一种可能是，他长期服用含有硫化汞成分的丹药，导致双目失明，并最终因为重金属中毒而去世。而之所以养鹅，是因为当时的炼丹者认为，食用鹅肉是缓解汞中毒的一种理疗方案。

"天师道"的各种归宿

从王羲之成为"书圣"的故事中，我们不难看出东晋面临的困境。王羲之曾经感叹"以区区吴越经纬天下十分之九，不亡何待"，意思显而易见：东晋核心的吴越之地即便产能再高，也不足以支撑统一中国的高额军事开支。

这既反映了东晋多次北伐无一成功的根本原因，也为王羲之的"放浪形骸之外"给出了合适的理由。人们原本以为，逃脱户口，遁入"天师道"许诺的仙境，只是普通百姓面对残酷现实的无奈对策。而从王羲之这里，我们可以看到，国家的生产下滑对社会上层人士的影响也同样严苛。身为东晋政府高官，因为不愿压榨百姓，也因为百姓流失，无人可遣，同样不得不选择天师道作为自己的归宿。

　　从普通百姓到上层贵族，都渴望能回到一个没有战争、不用受国家派遣的太平世界，成为自由自在、无忧无虑的神仙。为达到这个目标，少不了进行各种修炼。或者是尝试各种丹药，让自己白日飞升；或者是放弃家庭，遁入山林；或者就像王羲之家族世代奉行的那样，抄写经文，书写符咒，求得消灾延年。

　　正是这样一种独特的时代背景，给王羲之的书法提供了难以复制的创造土壤。从南匈奴到鲜卑，再到氐羌，南边政府的对手换了一个又一个。北方政权通过"北伐"的反作用，摧毁了南方的生产基础，无意中却为书法的创新提供了独特的土壤。从这个角度来说，当初张芝创造"一笔"草书之际，或许已经预见性地浇灌了王羲之所遇所感的萌芽。

　　这样来看，永和九年的兰亭聚会，其实并不是王羲之违背时势的孟浪之举，而是对现实境遇无言的反抗，而著名的《兰亭集序帖》则以一种怪诞现实主义的方式，成为那个时代的注脚。现实是残酷的，兰亭聚会之后，东晋北伐失败。很快，王羲之也走上了辞官归隐，并最终服食丹药身亡的道路。

　　无独有偶，在北方诸族建立的王朝中，同样可以看到"天师道"的身影。北朝著名的道士寇谦之，和王羲之一样，在名字当中也有个"之"字，这是"天师道"信徒的普遍特征。他是北魏太武帝拓跋焘的"国师"，甚至在朝廷重臣中还拥有两位举足轻重的信徒——左光禄大夫崔浩，以及崔浩的表兄弟、中书博士卢玄。而崔氏和卢氏两家在北朝历史上，同样以书法著称。

当东晋及其南朝继承人在宗教的推动下，面临社会生产方面的松弛之际，他们的北方对手也面临着同样的问题。南北双方不约而同地以这样一种手段，将秦汉以来的神仙信仰发挥到了极致，借此表达对战争的反对，催生出了中国书写艺术的奇葩。尽管他们化为书写经文、符咒的具体修炼行为，并没有任何实际作用。不过，东晋末年，卢玄后人卢循与孙恩一同在会稽发动"天师道"叛乱，杀死了王羲之的次子王凝之。这两支"天师道"之间的碰撞，给了东晋最后沉重一击，拉开了宋、齐、梁、陈的大幕。

今天，当我们追慕"魏晋风度"时，有没有想过，这颇为颓废的整体气质，其实代表了一种内心的惆怅。我们在欣赏魏晋名家的书法作品时，应该想到，这或许也是他们修行慕道的真实记录。

不过，另一种外来宗教的繁荣，即将打破这种平衡。虽然佛教在诞生之际，有着和道教相仿的社会机制，但是它在南朝和北朝所受的不同待遇，将使其在南北双方发挥出截然不同的作用。这种作用即将通过另一种艺术形式的发展，展现在北魏王朝的发展蓝图中。下一章，我们要谈到佛教石窟造像对北朝政治的影响，正是这种艺术创新，最终改变了南北之间的微妙关系。

隐藏在石窟里的北朝皇帝

第六章

北朝的意外收获

相比南朝宋、齐、梁、陈的一路继承，北朝的统一之路显得有些多元化。

东晋"八王之乱"时，匈奴左贤王刘渊以恢复汉朝为名，在离石称帝，建立了汉国（史称汉赵或前赵）。建都之地离石在第四章的"'李将军'传奇"中就已经出现过了，自东汉中期起一直都是南匈奴的驻地。

在汉末、曹魏时代，南匈奴仍然是附汉的北方诸族中势力最大、最亲汉的一支。曹魏一般都通过征发南匈奴去震慑、驾驭氐羌等西部人群。这种间接的管理方式，给南匈奴提供了很大的任免自由和发展空间。在西晋末期，南匈奴建立的前赵，为了完善自身的统治体系，在短期内扩大规模，很快复制了曹魏时期的政策，以直接给予氐羌等部落首领官职的方式，将后者引入了地方政权的上层空间。

与之对应，东晋方面为了遏制前赵的分立势头，则以支持东部鲜卑的方式，培养出了另一支势力。这为鲜卑部落的最终崛起埋下了伏笔。

所以，十六国时期的大致局势可以基本概括为：西部氐羌系统的"三秦"（前秦、西秦、后秦）与东部鲜卑系统的"四燕"（前燕、后燕、南燕、北燕）之间的交错对峙。东、西两部人群的互相交战，形成了一种循环关系：前秦攻东晋（惨败），东晋北击诸燕（时胜），而燕国则频频西进（扰秦）。这种每支力量各执一角，相互攻击又不能守胜的关系，使北方民众处于疲于交战的转运和人口迁移之中，但也为位于北方草原边缘的北魏最终南下、并燕吞秦创造了条件。

北魏崛起的过程颇具戏剧性。头两任君主都在东、西两边的夹击下左右为难，开国之君道武帝拓跋珪还因服用"求仙之药"五石散而早薨。直到第三任皇帝太武帝拓跋焘时期，才扭转局势。他通过北征柔然、西征河西走廊上的各国，巩固了西北局势，然后向南、向东，顺势一举扫除了西秦和北燕，结束了北边各部交战的混乱局面。持续的战争对社会的生产而言是一种巨大的消耗，它不断耗费着民众的产出与热情。这样的状况，使北魏和南边的东晋一样，让"天师道"散发的"太平世界"找到了自己的市场。

云冈石窟第 16 窟主尊，依照北魏开国皇帝道武帝形象雕刻而成。

不过，当太武帝于公元 439 年攻克河西走廊上的小国北凉国时，他除了一举虏获了三万多户人家和二十万头牲畜外，还有一个意外的收获。他从北凉这个河西走廊上的第一个"佛国"，带回了大批佛教徒与一个僧人。他或许没有想到，在不久的将来，这个僧人将把他的头像凿刻在平城（大同）通往塞外的山崖上，同时用佛教改变了这个以鲜卑文化为基础的国家的精神气质。

石窟寺的起源

在平城通往塞外的山崖上有一座石窟，即中国四大石窟之一的云冈石窟，另外三座分别是洛阳龙门石窟、天水麦积山石窟和敦煌石窟。云冈石窟不是四大石窟中最早建成的，但是是规模最大的。这四座石窟的开凿顺序依次是自西向东，从敦煌到麦积山，再到云冈，最后才是龙门，符合佛教沿着河西走廊向东传播的进程。

佛教源自印度，和所有宗教一样，它源自一种对死后世界的想象。这种去世后要去往的永恒之乡，在人们被社会生产压力击倒之际，就被当作可供歇息的避难所了。为了使这个现世的避难所显得真实可信，宗教艺术家们通过塑像的形式，把那些伟大的死者（祖先）栩栩如生地塑造、雕刻出来，让人们仿佛置身于一座不朽的万神殿中，成为永恒世界的一部分。

为了体现这种永恒感，人们尝试用金属（黄铜、黄金）铸造佛像，也用木雕、泥塑彩绘塑造非金属造像，来展现塑像轻柔生动的一面。但是，这些都不及在巨大的山崖上开凿仿佛和岩石浑然共生的雕像来得震撼、永久。

事实上，按照今天对佛教寺院的研究发现，佛寺最初源自一些著名苦行僧的坟墓。他们生前会在洞窟中苦修。这些洞窟往往在山岩上挖掘而成，为了避免塌方，开凿者会学习古代采石匠的技艺，在洞窟中央留下一段石柱，使之成为洞窟的天然支撑物。这些苦行僧去世后，追随者会把他们的形象用塑像的形式再现，把他们生前的种种事迹刻画在岩石上，尤其是洞窟中央的石柱上。这些充满苦修者生活信息的山洞，就成为石窟的最初形式，而中央石柱则演变为我们后来所熟悉的佛塔（梵语称作窣堵波）。①

在后来的崇拜者眼中，那些早期的著名苦行僧就是这座万神殿中不朽的神灵，为了显示其伟大，他们被塑造得越来越大，以巨大的身躯拉开和生者的距离。从最初的洞窟，到塑像，到最后只有巨大的山崖才能表现他们无比伟岸的身形。阿富汗北部斯瓦特河谷的巴米扬大佛就是其中的代表。这些佛像由于雕凿在自然界的山体上，与山石浑然一体，所以无法移动。信奉者无法先建寺院后建佛像，所以只能先在山体上开凿巨型石龛，然后向外搭建屋檐，

---

① 宿白，《中国石窟寺研究》，文物出版社，1996 年，第 21 至 38 页。

云冈石窟第 1 窟中心塔柱，即梵语窣堵波，又称浮屠、塔庙、支提，本义为坟冢，后演变为中国式佛塔。

这种形式的石窟称作佛殿窟。而相应修建的大殿以及僧舍等建筑的寺院，则被称作石窟寺。

中国最著名的石窟寺，就是以大同云冈为代表的四大石窟。这些石窟差不多都开凿于魏晋之后的十六国时期，以北朝为最盛，唐朝中期以后走向没落。它们的产生都可以追溯到同一个时代，就是北魏。

四大石窟中，气势最雄伟的就是云冈石窟，因为它有着非常清晰的官方背景。最先开凿的五尊佛像，是完全按照北魏开国的五个皇帝的容貌一一重现的。从此以后，佛教在北朝成为最重要的宗教，并一直延续到唐代。随着北魏上层离开平城，南下洛阳建都，后起的龙门石窟算得上是云冈石窟的进一步延伸。可以说，云冈石窟的开凿对中国重新走向统一有着不可或缺的作用。

北魏的佛教"总统山"

北魏是鲜卑族拓跋部建立的朝代，它继承了汉朝以后中原王朝的制度，但也引进了一些新的观念和制度，对佛教的崇拜就是其中之一。

佛教的兴起与北魏的第五个皇帝文成帝拓跋濬有着莫大的关系，他是统一北方的太武帝拓跋焘的孙子。按照《魏书·释老志》中的记载，拓跋濬一日外出，他的御马咬住了一个和尚的衣服，这个和尚名叫昙曜，来自甘肃凉州，以前生活在位于河西走廊的北凉国。太武帝当年攻破北凉，俘虏了三万多户带回首都平城充实人口，昙曜也是其中之一。

昙曜因为被文成帝的御马咬住，就这样和皇帝结缘，后来成为北魏国家最高宗教管理机构"沙门统"的总负责人。他担任这个职务后，马上向皇帝建议，要在大同西边通往塞外的交通要道上修建五座石窟。①

这是北魏首次有人提出开凿石窟，在这以前，中国北方只有北凉、西秦这些河西走廊附近的国家建造过石窟。北魏原先在第一代皇帝道武帝拓跋珪时期出现过道教与佛教并立的局面。但由于佛教寺院吸收了大量逃避官方税役管理的平民，加上崔浩等信奉"天师道"的高层官员的反对，第三任皇帝太武帝便以寺院参与谋反为名，进行了毁寺驱僧的行动。这让佛教在北魏的发展一度受挫，昙曜等僧人的奉教活动也随之陷入低谷。

不过在太武帝晚年，崔浩因"国史"事件被灭族后（权臣崔浩在修编鲜卑早期历史时，过于秉笔直书，导致了鲜卑贵族的不满），道教势力下降，佛教力量复苏，已经成为不争的事实，尽管那年的年号还是太平真君十一年（公元450年）这样一个明显具有"太平道"特征的名称。

昙曜最初是"道人统"的负责人，后来随着佛教力

① 张焯，《云冈石窟编年史》，文物出版社，2006年，第41至45页。

云冈石窟第 20 窟，依照北魏第五位皇帝文成帝形象雕刻而成。
顾雯摄于云冈。

量的增长，这个机构也就顺势易名为"沙门统"。他最重要的一项工作，就是向文成帝建议开凿五座巨型佛殿窟。每一座都是二十至二十五米高的佛像，最高的一尊达十七米。这就是云冈石窟中最早开凿的洞窟。更让人震撼的是，这五座大佛的姿态虽然有坐有站，有释迦牟尼佛，还有两腿相交的弥勒佛，但他们的面容却是中国人的样子。因为他们就是按照北魏开国以来的五位皇帝的容貌雕凿而成的。其中除了主持"灭佛"的太武帝及其以前的两位，还有文成帝和他的父亲。

昙曜和尚为什么要在山崖上雕出北魏皇帝模样的佛像呢？大概有两个原因：

第一，当文成帝重新支持佛教后，主持工作的昙曜，作为太武帝灭佛行动的幸存者，他觉得泥塑、木胎的佛像在外力面前非常脆弱，只有用石头雕刻成巨大的塑像，才能经得起时间和人力的考验。

第二，早在北魏建国初期的道武帝时代，就有一位僧人在朝拜皇帝时提出"我非拜天子,乃是礼佛耳"的言论。意思就是说，佛教徒在朝拜皇帝时，应该和拜佛一样，因为君主也可以是佛的化身。有这样一种朝拜皇帝的观念，自然就出现了披着袈裟的北魏皇帝塑像了。

以上这两种说法都有道理，所以云冈石窟一开始就有了总统山一样的五座巨大佛像。

北朝的全新动力

云冈石窟寺的出现，尤其是以北魏皇帝容貌为蓝本建立的昙曜五窟，并不仅仅是对皇帝的谄媚。佛教和道教一样，在一开始，通过一种彼岸观念，使人们远离社会生产生活，对社会统治产生了消极影响。这也是太武帝时期佛教受到压制的原因。

与此同时，东晋境内的佛教团内部也爆发了"沙门不敬王者论"的著名论战。意思是，和尚不应该向皇帝朝拜。最后，辩论的结果是南方佛教内部接受了这个观念，这就决定了南方佛教远离政权中心的基本路线。

然而，佛教与道教的区别在于，佛教还具有一种轮回观念。借此，它修正了彼岸世界所带来的现实疏离感——之前已经离开此岸的著名修行者，会重新降生到这个世界，使当下变成一个真实的佛的国度。相比之下，道教也会偶尔通过降神附体的形式，召唤已达彼岸的著名历史人物来为现实世界服务（比如，驱鬼除魔、求卜问卦、临阵杀敌等），但在完成临时性任务后，会将请来之神再次送回。而佛教的转世观念，则像是一种一劳永逸的"降神附体"，把历史上的著名人物变成了与今天对应角色的"前世"。

正如中南半岛上直至晚近一直存在的上座部佛教国

云冈石窟第 15 窟南壁千佛

家那样，社会中的每个成员同时也是佛教版图中的一员。他们在履行自己社会职责的同时，也是在完成宗教轨迹上的修行。两者完全可以在世俗的舞台上实现同步，形成一种有趣的相互促进模式。这种相得益彰的表现，也体现在一千六百年前的北魏社会中。

随着云冈石窟五座巨大佛像的开凿，宗教在上至鲜卑贵族、下至普通百姓心中，都产生了不小的改变，一举扫除了佛教对北魏社会生产的消极影响。佛国不再是遥远的彼岸世界，而是现实生活本身。既然北魏皇帝就是如来佛的化身，皇室的后宫嫔妃、贵族、大臣，也就是比佛祖低一些等级的菩萨、罗汉，普通民众则成为佛教中的供养人。这样，现实生活中的所有人，都在佛教世界中找到了自己的位置。过去那种追求虚无缥缈佛国世界的尝试，变成了"活在当下"的精彩人生。

佛教还给北魏政治的合法性提供了依据。支持五尊佛像的文成帝拓跋濬英年早逝，留下皇后冯氏和幼年皇帝，开始了冯太后垂帘听政的时代。

公元489年，云冈石窟的17号洞窟中，开凿了一座弥勒菩萨与"二佛并坐"的石窟。佛龛中刻有几乎一模一样的两尊佛像，但细看之下有着微妙的区别。其实这是代表过去的多宝佛和代表现在的释迦牟尼，他们的同时出现，实际上象征着旧时代和新时代的并存和交替。"二佛并坐"石造像，和冯太后与小皇帝垂帘听政的事实完全吻合，折射出这个时代"二圣执政"的特有政局。后来，"二佛并坐"这一题材在云冈石窟里就发现了三百八十多处，可谓非常流行。

就这样，五座大佛将北魏开国五帝纳入了佛国体系，给国家的发展提供了精神上的加持，激发了民众超常的热情。这一次，佛教造像则为北魏政治提供了合法性的依据，而政治又给佛教艺术提供了表达的空间，两者结合，把那个时代的特征留在了大同塞外的山崖上。

佛教影响的南北差异

正如我们之前在"沙门不敬王者论"的辩论中看到的那样，在南方和北方同时蔓延的佛教，对于南北方产生了完全不同的效用。南方佛教尽管有着"南朝四百八十寺，多少楼台烟雨中"的记忆，但无论是天台宗还是净土宗，都选择将彼岸世界作为自己的解脱，远离了当下的世俗生活。因为佛教寄托了人们逃避现实去往极乐世界的愿望，所以在一定程度上削弱了世俗政府的统治，降低了社会的生产能力。这就是南朝各代在信奉佛教，大规模开建寺院后，实力逐渐削弱，无法有力抵抗北朝的原因之一。

而北朝佛教"我非拜天子，乃是礼佛耳"的观念，直接决定了将佛教与现实生活结合的愿望。自从北魏开始建造云冈石窟，完成昙曜五窟后，北朝社会的整体气氛有了

云冈石窟第 13 窟东壁佛龛交脚菩萨，下方左右刻有鲜卑装束的
男女供养人像。

显著改变。信奉佛教不再是一件逃避现实、追求来生的事，所有的修行都在今生有了结果和回报。在最初五窟开凿后，云冈石窟之所以不断扩大规模，绵延百年，其中一个原因就是，这已经不仅是官方行为，而且是上至皇室贵族、下至富裕百姓都积极投身的一场全民运动。石窟成为个人能力得到旌表的一张公开的"排行榜"。与其说北魏云冈石窟是人们想象中的西天景象，不如说这是一幅上至帝王、下至百姓的北魏众生写实图。

除了大肆经营石窟，北朝还有一种佛教造像碑非常流行。造像碑在各地出土了许多，尺寸与一般提名碑类似，只是石碑的正反面都有大量小佛像，类似"千佛"形制。通常碑的侧面会有题刻，写明某人为父母及全家供奉云云。在碑刻上方，碑额下方位置，还有面部不甚清晰的佛与菩萨群像。以往研究者都认为，这是反映北朝民众信奉佛教的一种物品。[①]事实上，结合我们上面所讨论的佛国世界与碑刻侧面的文字内容，碑额下方的"佛与菩萨群像"并非泛指的神佛，其实就是供奉者的"全家福"。

这类造像碑体现的就是信仰甚笃的供奉者想象自己一家完成了现实修行后，自然而然地就会穿上"菩萨"的服饰，在现实与彼岸获得一个合格的"果位"。石碑上大

---

① ［日］石松日奈子著，《北魏佛教造像史研究》，［日］筱原典生译，文物出版社，2012年，第170至175页。

量的"千佛"都是为上方的群像起衬托作用。

在这样的"现实即修行"观念的激励下,北朝上下在佛教的加持下,形成了一种类似"政教合一"的统治体制。虽然石窟建造也要花费一定物力和财力,但从整体来讲,这种高度亢奋的社会集体行为,一扫汉末以来"天师道"所营造的涣散气氛,给北朝的发展及其对南方的扩张提供了充分的动力。在不久的将来,这样的趋势还将由西魏、北周,以及隋唐帝国进一步继承。

从云冈石窟的五座佛像和"二佛并坐"造像的背景故事中,我们可以回顾一下佛教与北朝政治的相互作用。北朝在统一中国的道路上,还有很长的路要走,一直要到北周后期才开始显露出对南朝的压倒性优势。在优势逐渐积累的道路上,许多因素都发挥了重大作用,比如北魏孝文帝改革后,生产、税收以及社会管理方面的新政,都大幅增强了北魏的国力。但在这许多因素中,佛教对北魏政治的影响具有潜移默化的首要意义。

当然,在北魏后期,爆发过"大乘教起义",北魏也因为生产乏力,在分裂中走向衰亡。但佛教在北朝发展过程中的推动作用,是远大于消极作用的,这一点,至今在平城通往草原的山崖上仍依稀可见。

反过来,通过对北魏历史的了解,我们也加深了对佛教艺术的理解,看懂了石窟中的造像。

我们了解到,佛教艺术并不远离我们的生活。云冈石窟中一尊独立的佛像往往是代表现在的释迦牟尼，两腿交叉的是代表未来的弥勒佛。这两者的含义非常明确，把握当下，寄希望于未来。这分别是对人们今生和来世生活的保证。而弥勒佛对未来的许诺，往往会启发人们对现实的抗争。最有趣的则是"二佛并坐"的形象，这产生于北魏冯太后"垂帘听政"与小皇帝共同执政的背景下。这也影响了盛唐时代女皇武则天对佛教的审美品位，很显然，武则天既是弥勒佛的拥趸，也对"二佛并坐"主题有着非同寻常的热衷。

除了一佛、二佛的造像外，中国石窟和寺庙中还经常有三座佛像并存的结构。从云冈石窟中的造像可以得知，这种结构又可细分为两类，即按照时间划分的竖三世佛，代表过去、现在和未来，以及按照空间划分的横三世佛，分别代表东方净琉璃世界、婆娑世界和西方极乐世界。它们的共同点是，居于中间位置的都是释迦牟尼（现在世、婆娑世界）。

至于另外的四佛、五佛、六佛、七佛的组合，则代表了从密宗到净土宗等进一步延伸出来的佛教流派观念。

我们从北魏石窟中还看到一个有趣的现象。北魏政治和佛教的结合，扫清了社会分化的危机，为北朝的发展和中国南北的统一创造了条件。当然，宗教本身的多义性，也通过南朝和北朝不同的"实验"环境得以体现。南北朝双方都信奉佛教，但对佛教的不同解读，对两个社会的发展产生了相反的效果。南朝佛教令国民远离现实，削弱了国家的实力。而北朝佛教既有前者的一面，也存在与现实结合的一面，推动了佛教的世俗化转变，从而凝聚了从上到下的全体国民，增强了社会的生产能力，为北朝最后的胜利，打下了精神和组织上的基础。从这个角度来讲，佛教对中国历史的进程也具有积极意义。

不过，佛教的价值与影响远不止这些。我们在下一章中，会继续谈到佛教观念在唐代以后的推广，以及它如何促进了茶叶的生产和瓷器制造业的发展，并最终推动了瓷都景德镇的出现。

睡起山窗無渴思

長呼童剪茗滌

祜腸軟塵落碾

龍團綠漲水翻

鐺蟹眼黃耳底

雷鳴軽香韻鼻

端風過細聞

香一甌洗得

双瞳寥窿寂

落水溪雲水鄉

陆羽烹茶图

古弁先生茶
屋曾课僮煮
茗雪云间寄
注不尽浮烟

隋唐帝国的"丝路"难题

继承北朝的隋唐帝国再度统一了中国，结束了长达一百六十多年南北对峙的局面。在完成这一宏大工程的过程中，许多北方族群以独特的方式参与到这场巨大的人口迁徙中来。

先是北魏为了加强对南朝的军事威慑，把人力、武力补给的目标，瞄准了更北方的柔然。太武帝拓跋焘（云冈石窟"总统山"中的第三位）曾七次进攻蒙古高原东部的柔然。《魏书·崔浩传》专门提到，战果最大的一次"凡所俘虏及获畜产车庐，弥漫山泽，盖数百万"。过去的研究者都认为，北魏进攻柔然是对后者扰边的回应。我们今天已经证实，这些"盖数百万"的俘虏（人口）和畜产（主要是马匹）才是北魏的主要目标。

柔然就这样被北魏击败，损失了大量人口和生产资料。为了迅速弥补损失，柔然把希望寄托在更北面的阿尔泰山北麓的突厥身上。他们征调突厥人为自己生产铁器，并从事军事行动。接下来的故事，就像我们在第四章"'李将军'传奇"里看到的那样，当越来越多的突厥人参与到柔然的出征后，两者之间的力量对比就悄然发生了变化。随着北魏分裂为东魏和西魏，并进一步发展为北周和北齐，柔然也在突厥的攻势下发生了瓦解与迁移，一部分向中亚草原西迁，另一部分则融入了突厥。

等到隋唐帝国建立起统一中国的事业时，北边的邻居也从柔然变成了突厥。从这个意义上来讲，柔然的瓦解和北朝的终结其实是同步发生的。

隋唐的盛世，同样离不开战马的支持。由于忙着处理南朝遗留的问题，隋朝一开始是以贸易的形式从突厥方面有计划地购入马匹的。比如《周书》中就提到，突厥曾遣使贡马万匹。在中国的史书中，双边对等的贸易活动往往被表述为朝贡。实际上，突厥的马匹并不是免费赠送的，隋唐王朝一直需要花大价钱才能购得这些重要的战略物资。而用于购买马匹的资金，就是汉地特产的"绢帛"，也就是广义上的平纹丝绸织物。

在从汉代开始的"丝绸之路"上，丝绸从来不是以货物的形式出现的。汉地王朝把丝绸当作酬劳发放给自己的兵卒或者来自草原的雇佣军，丝绸相当于给他们的工钱，而草原部落通过物品交换，又将其还原成纺织品，流入西方世界。这便有了"丝绸之路"。

现在，这些丝绸又成为隋唐王朝购买马匹的主要支付物。随着王朝对外战事的开展，越来越多的战场需要越来越多的战马，越来越多的战马则需要越来越多的绢帛。这对隋唐政府来说，是个非常令人头痛的问题。

幸运的是，一个曾在寺院里长大的茶叶品鉴师，偶然帮助唐朝政府解决了这个巨大的难题。

陆羽和饮茶革命

这位茶叶品鉴师名叫陆羽，就是大名鼎鼎的《茶经》的作者。

陆羽原是弃婴，出生在唐代开元年间后期，从小在湖北的一座寺院里长大，青年时在江南各地四处评鉴茶叶，居无定所。他二十四岁时定居浙江湖州，写出了三卷本的《茶经》。

《茶经》包含了陆羽对茶叶从制作到饮用的全部认识，归纳起来有两大部分。

他首先批评了唐代以前的喝茶方式。

中国喝茶历史很早，三国时代就有明确的历史记载，但直到唐代，喝茶还只是长江以南，甚至更偏南地区的习惯。起初，茶叶只是喝茶过程中的一部分内容，因为早期的茶水里，不仅有茶叶，还有葱、姜、红枣、橘子皮、薄荷叶、茱萸的果实，等等。这里的茱萸，就是重阳节"遍

元代，赵原《陆羽烹茶图》(局部)，现藏于台北 "故宫博物院"。

插茱萸少一人"中的茱萸，它的果实有酸味，和橘皮、红枣一起，再加上茶叶一起煮，味道应该近似今天的果茶。

今天中国南方山区的客家、瑶族，还保留着这种传统的喝茶方式，称"打油茶"或"擂茶"。值得注意的是，这种茶水中还会放入炒过的米粒，甚至油渣一类。这样来看，这种茶很容易"喝饱"。我们有理由设想，中国饮茶的最初形式，很可能不是饮料或艺术的一种，而是餐饮的一部分。

陆羽在《茶经》里明确反对这种喝茶方式，觉得这个味道乃"斯沟渠间弃水耳"，就是说和阴沟水差不多，但他也帮我们确认了当时的习俗就是如此。他接着提出了一种全新的喝茶方式：茶水里有且只能有茶叶。这种饮茶方式规定，首先要把茶叶捣碎，放到开水里煮。喝的时候，不仅要撇去上面浮着的泡沫，也要过滤掉下面的茶叶渣，只喝中间碧绿的茶水。按照这种煮茶法，喝茶的人通常是见不到完整的茶叶的。这比较近似于现在福建地区喝工夫茶的方法。

除了茶叶，陆羽对茶具也有具体的要求，这是他对今天喝茶方式的第二大贡献。

之前的人们喝茶，因为是一大锅煮在一起，所以不太讲究茶具。到陆羽这里，变成了只喝用茶叶煮的水，为了衬托茶水的碧绿色，他特别把绍兴生产的越窑青瓷，推举为最好的茶具。他认为"越瓷类冰"，有一种通透感，对欣赏茶水的颜色有很大的帮助。这一点就连当时最好的北方邢窑的瓷器都比不上，因为邢窑以生产白瓷为主。但他还是留下了"邢瓷类雪"的评价，以后的人们就用"类冰"和"类雪"来描述越瓷、邢瓷的基本特征。此外，还有淮南寿县的寿州窑，因为颜色太黄，以及江西的洪州窑，因为颜色太深，均被陆羽从品茶名器中剔除出去了。

由此可见，陆羽对饮茶的贡献确实很大，可以说直接促成了一个产业的诞生。《册府元龟》中记载，唐代中期以后，"江淮人什二三以茶为业"，此后茶叶更是成为唐代经济的支柱之一。然而茶叶能够行销海外，还离不开另一个外部市场的出现。

从绢马贸易到名马市茶

唐朝承自鲜卑族建立的北朝，同样也继承了北朝广泛流行的佛教。唐代文献中最早关于茶叶的好评，就来自一个和尚。

和陆羽差不多同时期的邢州刺史封演写过一本《封氏闻见录》，书中专门提到，在当时的泰山灵岩寺有一位高僧，严格遵守佛教过午不食的规定，但晚上并没有精神萎靡，反而修行得更加厉害。原来，虽然他中午以后不再进食，但可以通过喝茶来提神。这个神奇的故事很快就在佛教界传开了。

巧合的是，陆羽就是在寺院的环境中长大的，他很可能对茶叶中的茶碱能够刺激中枢神经，使人保持兴奋，从而促进佛教修炼有所体验。他提出打破传统，不在茶里加入葱姜、红枣、橘皮，而改用清茶的喝茶方式，也很可能和佛教修行中只能喝水而不能摄入食物的饮食习惯有关。另外，他还特别强调，喝茶所贵的是头三碗，不宜加水多次冲泡。这与其说是重视茶香，不如说和茶水中茶碱的浓度有关。

可以说，佛教给茶叶提供了发展空间。不过，茶叶走向更大的市场，和安史之乱有着内在联系。

大约在陆羽二十二岁的时候，安史之乱爆发了。为了平定叛乱，唐朝不仅从境内各地调兵遣将，还从蒙古高原的回纥酋长那里招募了大量士兵。回纥援军作战英勇，是唐朝击败叛军的重要力量。为了感谢回纥，唐朝向他们广开贸易市场。而前面引用的《封氏闻见录》中又提到了一个有趣的现象："往年回纥入朝，大驱名马市茶而归，亦足怪焉。"封演观察到的回纥"名马市茶"的活动，就是被后人广泛提到的"茶马贸易"的先驱。

但封演所谓的"亦足怪焉"又从何而来呢？因为在不久之前，唐朝都是沿用隋代之策，用丝绸来交易马匹。

安史之乱后，为了应对各种局部叛乱，依然需要从回纥等处大肆购马。这就有了白居易《阴山道》诗中"五十匹缣易一匹，缣去马来无了日"的困境。唐朝每年从回纥

宣化辽墓壁画《备茶图》

购买马匹，花费大量丝绸，结果造成了经济上的力不从心。而封演发现，回纥居然没有要求唐朝用缣帛支付，而是接受了茶叶作为交换马匹的货物。这令唐人称怪之余，更有一种时来运转的感觉。

后来的许多世纪里，南方汉地的茶叶种植者，一直都有一个误会。比如《明史·食货志》就认为"蕃人嗜乳酪，不得茶，则困以病"。这其实是因循了唐宋以来根深蒂固的偏见。茶叶在晚近的时代确实流行于草原部落之中，但他们饮茶的历史不过一千多年，而在这之前，没有喝茶的时段则有上万年之久，并没有因此得病。

回纥"名马市茶"的原因另有机缘。从早期开始，回纥便从西部草原接受了摩尼教和佛教的信仰，这两种宗教都有一定饮食方面的限制。尤其是摩尼教，有着比佛教更严格的修行和饮食要求。偶然的机会，曾经让泰山灵岩寺高僧修行翻倍的神秘饮料，引起了回纥人的注意。喝茶确实能弥补由饮食不足而引起的精神不振——从这个角度来讲，游牧部落之"病"，并非由乳酪引起，而是源于宗教带来的饮食变化。

不管怎样，回纥对茶叶的兴趣让唐朝看到了契机——这是一种预示未来产业结构大转型的契机。用茶叶替代丝绸，来购买回纥的战马，帮助唐朝一举摆脱了缣帛生产不足引发的经济困境。这一尝试的大获成功，既改善了唐朝的经济状况，也将汉地与草原的贸易，从"绢马贸易"永久性地转变为"茶马贸易"。而且由茶叶贸易开始，引发了一系列连锁反应。

在茶叶贸易的发展过程中，唐代的经济生产结构发生了改变。

陆羽在《茶经》中曾举晋代的刘琨、张载、陆纳、谢安、左思等名人喝茶的事迹，但这并不表示人工种植茶叶的普遍化。唐代以前各地陆续种茶，但并没有很大的市场，种植和销售的规模都非常有限。

直到《茶经》完成不久后，茶叶市场迅速出现。当时最有名的茶市，莫过于饶州的浮梁，也就是今天江西景德镇市的浮梁县，当时的景德镇还只是浮梁下面的一个市镇。浮梁茶叶的知名度，有白居易的《琵琶行》为证："商人重利轻别离，前月浮梁买茶去。"

按《元和郡县志》的说法，在陆羽去世的时候，浮梁茶的年销售量已经达到"每年出茶七百万驮，纳税十五余万贯"。每年茶叶制成的季节，不但有江淮各地的商人前来购买，甚至远道而来的山西人、河北人也络绎不绝。这样来看，白居易诗中的这位"重利轻别离"的商人，只是积极参与了当时的爆款商品茶叶的全国性销售。茶叶销售对经济的刺激可想而知。唐朝甚至专门设置了"茶叶税"，从中赚取了大量收入，补充了国库。到了唐代后期的宣宗之际，茶叶税收入已经达到每年将近八十万贯，成为军费开支的重要来源。

另外，中原各地商人买卖的茶叶，有很大一部分也流入了周边地区。唐朝的外围还有吐蕃、党项等许多民族，他们毫无例外地都经历了从起初的对外扩张到后期生产乏力，进而向内坍塌的发展轨迹。在这一过程中，佛教一如既往地成了民众的精神选择。可以想见，茶叶的妙用也很快为他们所知。

和回纥买茶的故事一样，唐朝可以向他们供应茶叶，而他们所能提供的畜产品，尤其是马匹，同样也是唐朝所需，双方一拍即合。

等到宋代以后，汉地政府在马匹生产的自主性方面越来越低，对"茶马贸易"的依赖也越来越高，进而变成了一项固定的制度。过去的文献常常用边疆人群"嗜茶"，而汉地则是开恩"市茶"的观点来描述这种贸易。现在看来，实际情况恰好相反，汉地人群其实更离不开马。

由于茶马贸易的场所都在中国的北方或西北，为了节省茶叶的运输成本，唐朝政府也把茶园从赣东北、皖南，迁到了陕西、四川等地。唐代末年的诗人孟郊，写过这样的诗句："蒙茗玉花尽，越瓯荷叶空。"意思就是用越窑瓷器来喝蒙顶山的茶叶。蒙顶山位于四川雅安，也以出产毛峰茶闻名后世。用四川本地茶叶去交换川西北的马匹，确实要少走许多路程，但这也间接造成了唐代著名茶叶市场浮梁的衰落。

茶马贸易保障了优质战马从西北地区源源不断地输入，宋朝因此得以抗衡辽国、金国，使中原王朝又坚持了两百多年。

从茶都到瓷都

茶叶对唐宋时代的历史影响，远不止这些。

我们前面说过，陆羽的《茶经》除了提到对茶水的讲究外，还特别强调了茶具的重要性。对于喝茶这件事而言，茶具可能更能体现出使用者的用心。

经过陆羽的推销，唐代茶叶市场突然崛起，随之也带动了瓷器，尤其是瓷质茶具行情的上涨。其中主要的受益者就是越窑青瓷。虽然越地是中国陶瓷故里之一，拥有悠久的制陶传统，但越窑瓷在唐代走向顶峰，跟唐人爱喝茶有着莫大的联系。孟郊诗句"蒙茗玉花尽，越瓯荷叶空"道出了越窑瓷的可贵——对于有追求的饮茶者来说，就算茶叶换成了川茶，茶盏仍然要用讲究的越瓷。唐代人喜欢喝工夫茶，所以通透的越窑青瓷受到追捧，成为首屈一指的瓷界精品，把原本"类玉"的邢窑白瓷给比了下去。

到了宋代，喝茶方式有所转变。宋朝人喜欢把茶叶加工成茶膏，进行"斗茶"。茶事关注的重点从茶水本身变

北宋刘松年《斗茶图》，现藏于台北"故宫博物院"。

成了观察水面上的泡沫，由于福建武夷山建窑生产的黑釉茶盏能更好地看清泡沫的变化，它便取代了青瓷的地位。所以到宋代以后，越窑就和那些受到战乱影响的北方窑口一起走了下坡路。

只不过后来"斗茶"不再流行，建窑生产的兔毫盏也销路下滑。然而，文化传播的有趣一面，使得用茶膏冲茶的习惯在日本被保留了下来。许多世纪以后，日本茶人在此基础上，发展出"抹茶"的工艺，并重新传回了东海西岸，成为一种全新的食物体验。

经过透绿的越瓷、黑釉的建瓷之后，瓷质茶具在元代又迎来了新的流行趋势，而这也与马和茶有关。宋朝用茶叶换来马匹抗衡辽金，后者在僵持局面中面临消耗，只能从更北面的西伯利亚森林中引入蒙古部落。结果，"'李将军'传奇"里的故事又翻出了新的篇章。最初为金国提供战马的蒙古帝国，再度统一了中国。因为蒙古喜欢白色，他们在祭祀或者喝茶时，都喜欢用白色的瓷器。

这时，全中国最好的白色瓷器，都来自一个叫景德镇的地方。元朝在景德镇设立了浮梁瓷局，负责全国瓷器制造的事务，大抵是因为这里生产的茶具在颜色和形制上最符合元朝宗室的品位。浮梁瓷局这一建制在明、清两代延续下来，而景德镇烧制的青白瓷以及青花瓷茶具，又一次改变了中国人的品茶习惯。我们今天饮茶，是将整片炒干的茶叶加水泡开，可以欣赏茶叶在沸水中上下沉浮，这样的方式就是由白瓷茶具的启发而来的。最巧合的是，瓷都景德镇，就在当年唐代商人买茶的浮梁县。

佛教、茶叶与瓷器

唐代敦煌文献《茶酒论》中"浮梁歙州，万国来求"的浮梁，曾是唐代茶叶的生产和销售中心。它的兴起和陆羽的《茶经》有着直接的联系，而背后还有着更深远的脉络。

影响了北朝与南朝的佛教，就是整件事情的幕后推手，只不过这一次它的传播范围更广。回纥部落信奉佛教和摩尼教的路径，可能不同于汉地（他们和北魏一样从中亚草原南部获得信息的可能性更大），但他们从汉地僧侣的餐食饮品中得到启发，迅速接受并推广了饮茶习惯，而这无意中使茶叶变成一种影响后世的大宗商品。

这样看来，《茶经》的创作，并非茶叶流行的引领者，更像是这个流行趋势的参与者与记录者。

为了满足茶叶的需求，唐代的浮梁及周边地区，成为全中国茶叶生产的重要基地。茶叶的运输、贩卖以及消费，大大增加了王朝的财税收入。同时，这一产业也波及周边产业，由茶叶带动的瓷质茶具的涌现，为古老的陶瓷行业开辟了新的路径。在茶具生产的契机中，浮梁同样得风气之先。总体上而言，这些新出现的经济增长点，为安史之

茶马古道塑像。作者摄于腾冲。

乱后的唐朝重拾旧山河提供了难得的经济基础。

饮茶的普及也对汉地周边人群产生了重大影响。茶叶甫一出现在草原营帐之中，就以其提振精神的功能，取代丝绸成为贸易交换的硬通货。从回纥开始，包括党项、吐蕃等周边人群，都成为这种神奇植物的拥趸。

除了茶叶本身，文化、人口等要素都经由这张网络继续流动。茶马贸易这种形式，从其建立以来，一直延续到了20世纪，范围从中国的西北、西南，一直向欧亚大陆的西部延伸。

长距离的贸易活动，也促进了茶叶的口味和加工方式的改变。在长期长距离运输的过程中，新鲜加工的茶叶经历自然发酵，形成了类似后来"红茶"一类的发酵茶风味。这种独特的味道，通过与奶制品的混合调制，能散发出浓郁的香味。久而久之，在茶叶加工过程中，通过主动增温、密封，形成了新的茶叶种类。

值得一提的是，今天中国北方民族热爱的奶茶，除了使用发酵过的砖茶外，还要加入盐、炒米、奶豆腐、奶皮子和一些牛肉干，这样煮出来的奶茶香气馥郁。但这样的奶茶，说白了，似乎又是对古代加入葱、姜、茱萸等调料的饮茶方式的一种复古。

当然，更重要的改变，或许还要数瓷都景德镇的出现。唐宋时期饮茶方式的改变，推动了越窑青瓷、建窑黑釉瓷的更替。而元朝带来的对白色瓷器的崇尚，为浮梁镇向景德镇的过渡创造了条件。随着唐代以后浮梁茶叶市场萎缩，当地逐渐向瓷器制造方向转型并非偶然，而这也离不开茶叶在其中扮演的角色。今天的浮梁已经是景德镇市下面的一个县城，这种有趣的转变，浓缩了唐宋之间数百年间的文化交流和贸易流动。

茶叶和瓷器，推动了唐宋历史的发展，然而清新恬淡的茶叶，掩盖不住时代的动荡。茶叶能为汉地王朝换来马匹，创造巨大的财富，然而这笔财富不是万能的，因为财富的主动权，可能并不掌握在付款方的手中。下一章，我们将从宋代宫廷绘画的角度，谈一谈隐藏在这杯清淡茶香背后的宋朝的无奈和焦虑。

第八章

宋代山水画与国家危机

唐代的遗产

唐朝的灭亡和汉代的终结，有着惊人的相似之处。

汉代的终结，有一个至关重要的因素。当汉朝为了维系越来越长的外部边界的稳定时，发现自己正在加速耗尽人力和物力，很快出现了生产与支出极端不平衡的局面。针对这种状况，汉朝开始雇用大量生活在疆域外围的族群，承担原先由本社会成员担任的出击、防守等任务。这为汉朝赢得了喘息机会，但同时把边境大门向数以百计、千计的外部族群打开了。这就给三国两晋时期的汉地政府留下了一笔非常棘手的"遗产"。

我们之所以认为唐朝与汉朝有着惊人的相似之处，就是因为它们在内部生产与外部支出不平衡的时候，选择了同样的路径。甚至可以说，唐朝在这条道路上走得更远，也更加坚决。唐朝从一开始就大力雇用边境族群，将其作为王朝部队的重要组成。比如突厥、铁勒、回纥，都是唐朝前期主要调动的外部力量。长期的征发，使这些普通的游牧民变成了马背上的战士。当出于种种原因，他们不再愿意为唐朝效力时，就给唐朝留下了安史之乱的重创。

然而，唐朝并没有从安史之乱中吸取足够的教训。或者说，缺乏改正错误的能力。因为在唐代中期以后，财政收入的不足，进一步导致了对外应对能力的下降。而继续动员部族武装，只是唐朝可以选择的两杯毒酒中不那么剧烈的一杯。随着对契丹、沙陀、党项等族的开发利用，唐朝将自己的落幕又推迟了一百多年。而这又将给它的宋代继承者留下一笔复杂的遗产。

经历了短暂的五代十国阶段，宋朝的建立者发现，自己并没有完全接收唐朝的全部疆域。在东北和西北两个方向，至少还有另外两个继承人，和他们共同分享着唐朝留下的政治版图。和第一顺序继承人北宋并立的，就是作为第二继承人的契丹辽国，以及第三继承人的党项夏国。

为了全盘继承唐代的遗产，宋朝开始了孜孜不倦的努力。由于人类在东亚地区固有的迁移规律 ① 使然，宋朝始终未能实现这个愿望。

即便如此，依然不能阻止宋代的宫廷画师尝试用画笔来描绘心中的山水蓝图。然而，这些画中的山川与溪流似乎不仅代表了现实的山水，因为它们源于一个亦真亦幻

---

① 可参见张经纬著，《四夷居中国》，中华书局，2018 年。（编者注）

的"仙境",仿佛有一种奇特的魔力,把人们引入奇妙的画中世界。

山水画的独立

中国山水画涌现于隋唐时期,到五代和宋代时走向顶峰,它的影响从元、明、清直到现代都没有衰落。

经历过东魏、北周时期的画家展子虔,以青绿山水开创了中国山水画的时代,之后由李思训、李昭道父子继承。其后,诗人、画家王维终开水墨一脉,引领了从设色山水到水墨山水的全新潮流,为五代及两宋的画家打开了洞天之门。

按照中国美术史的叙述,山水画最早出现在早期的墓葬或者佛教壁画中,作为主要人物的背景,用来衬托他们的具体事迹。比如,像我们在第四章中和林格尔汉墓壁画中看到的那样,当时绘画的主题主要是人物的生平事迹,而人物背后的景色只有潦草几笔。在这些早期的人物画中,风光景物一般都处于从属地位。最初,人物和背景大概是由不同的画工分别完成的,负责人物画的画师常常先绘制人物,然后才由其他画工完成后续的风景主题。甚至有可能,有的画师专门画人,有的画鸟兽、房屋、桥梁,有的画岩石、泉水和树木。大约到隋唐时代,这几个绘画类别就差不多独立出来,变成了人物、花鸟、山水等门类。

随着佛教进入中国，为了展现"极乐世界"的美好，寺院壁画除了描绘修行者之外，开始侧重"玄妙之境"的展现。这类侧重妙境奇景的原始山水绘画形式，在藏传佛教的唐卡绘画，以及佛像人物背后的风景构图中保留了下来。被后世誉为"唐画之祖"的隋代画师展子虔，他的作品就多见诸洛阳、长安等地的寺院壁画上，他也以绘制寺院壁画而见诸画史著录。这种想象中的美景，和我们第三章提到的地方观念中"博山"上的瑰丽景致有殊途同归之感。

及至宋代，山水作为更具吸引力的象征主题，从人物画的背景中悄然脱离。独立的山水画开始成为绘画的主流，而画作中的人物，开始成为画面远景的点缀。

宋朝还成立了皇家画院"翰林图画院"，将民间著名画师纳入其中，免去他们的生计之忧，以期绘出更出色的作品。各阶段的画院，又以宋徽宗时的宣和画院最为著名。宣和是宋徽宗使用的第六个年号，不仅代表了北宋最后的七年，还记录了北宋绘画的顶峰。张择端的《清明上河图》、王希孟的《千里江山图》等一批著名作品，都出自这个短暂但辉煌的宣和画院。徽宗还主持编纂了一部名为《宣和画谱》的历代名作著录集，书中将古今图画分为十类：道释、人物、宫室、番族、龙鱼、山水、畜兽、花鸟、墨竹、蔬果。虽然山水画在其中只排第六，但并不能阻止这一题材在当时以及未来大放光彩。

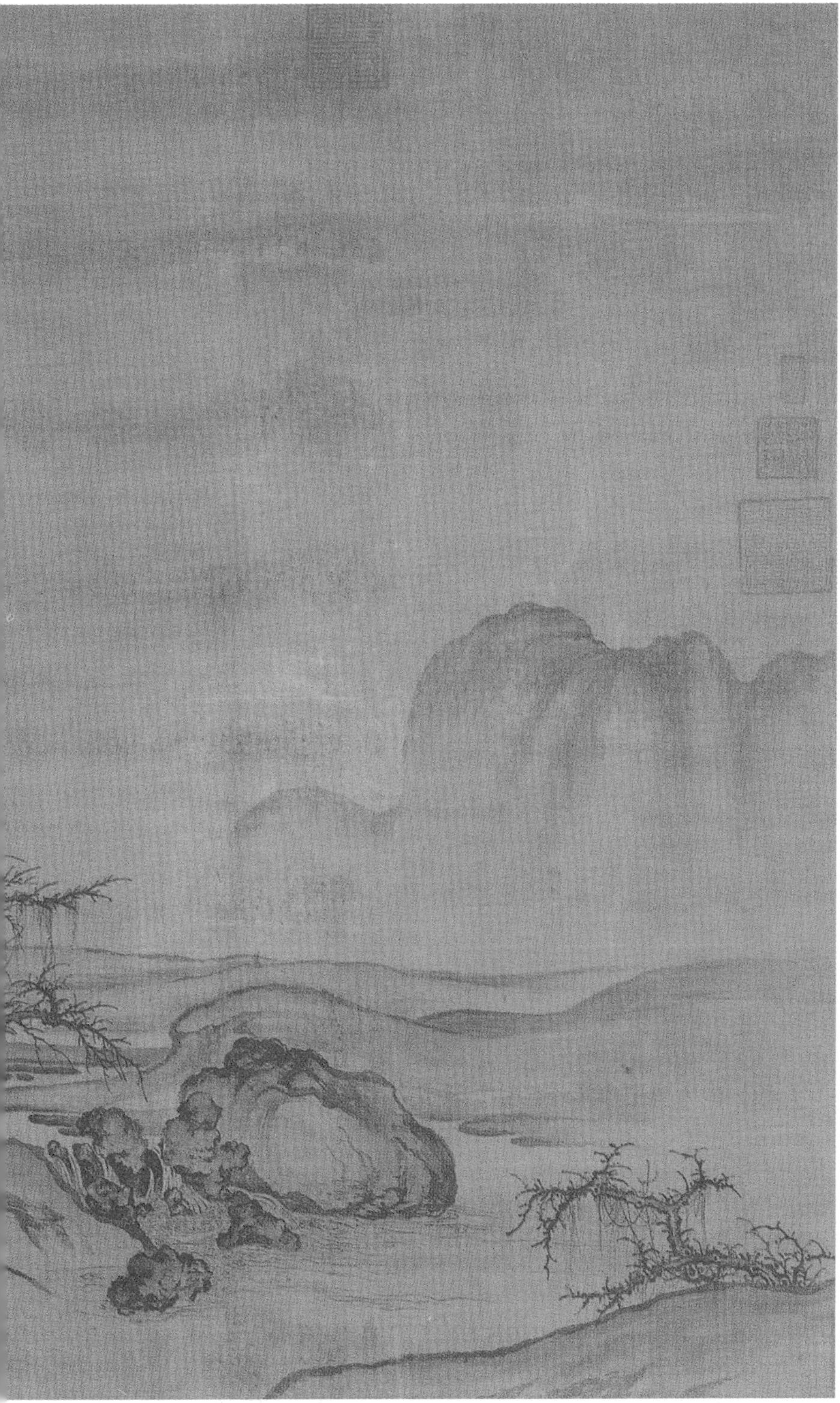

北宋郭熙《窠石平远图》，现藏于北京故宫博物院。

北宋的画家之所以热衷于山水画，除了受当时的审美品位影响之外，还有着和《水浒传》中梁山好汉一样的难言之隐。迫于严重的经济问题，梁山好汉逃入山中，而宫廷画家，只好用画笔表达同样的向往。因而山水画的独特结构中，融入了整个宋代的精神世界。

集大成的北宋山水画

1126 年，金国大军攻破了北宋都城汴梁，已经退位的宋徽宗和他的儿子宋钦宗被金军俘虏，押送到了北方。

随着汴京被金军攻破，大量居民向外逃亡。有一位年过六旬的画家，也随着人流逃出了京城。他不顾年迈之躯，向着太行山东麓的山区逃亡，不知道还有一段人生奇遇在等待着他。

这位画家名叫李唐，是徽宗宣和画院里的画师。

李唐早年以卖画为生，宋徽宗时进入画院，成为一名宫廷画家。他在画院中绘成的《万壑松风图》，是今天传世的少数宋代绘画作品之一，保存在台北"故宫博物院"。画面中，一座山峰高耸，山腰白云环绕，山间松涛阵阵，谷地泉水悠悠，给人一种隐居山谷、回归自然的感觉，代表了北宋山水画的最高水平。所以，这幅作品和郭熙的《早春图》、范宽的《溪山行旅图》并称为"宋画三大精品"。只是，李唐的这幅作品，是北宋最后一幅有明确纪年的绘

南宋李唐《万壑松风图》，现藏于台北"故宫博物院"。

画，因为两年后，北宋的都城就被金军攻破了。

在山水画的经典构图中，往往在画面最下端，有一片开阔的水域（江河的一部分），水域的尽头有一条小溪，溪上有一座小木桥，桥上有几个赶路人，或者挑担的樵夫。等待他们的是一条进入山中的小路，在小路两旁，是源源不断的泉水、奇特的山石，还有被路人惊起的飞鸟。画面主要的部分，则是云雾环绕，看起来是几乎无法攀登的崇山峻岭。这和画面下端行色匆匆的赶路人正好形成一种对应。其实这是从一个画家的视角，描绘了一段进入山林秘境的旅程。

从这个角度来理解中国画，我们就可以把各种类别整合起来。人物画，是在入山路上遇到的引路人。这些引路人或者是打扮普通的"渔樵耕读"，或者是相貌特别的罗汉、菩萨，随时准备点化入山的问道者。花鸟画，是小溪边看到的祥瑞景象，花卉和瑞鸟代表着祥和安宁的生态世界。哪怕是一根竹子、一块岩石，都不再是普通的物体，而是仙境探秘过程中的特别收获，并且在更晚近的时代演变为竹石图这一类独立的主题画。而山水画既然把这些都包含在内，也就当之无愧地成为北宋宣和画院留给后人的最丰厚的遗产。

北宋的文化如此发达，还有一位热爱画画的皇帝宋徽宗，可北宋的山水画为什么和王朝的命运一样突然坠落了呢？这两者之间又有什么内在联系呢？

为了解开这个谜团，我们重新把视角放到画家李唐身上。这位六十多岁的老画家，出了汴梁之后，走上了向太行山逃亡的道路。

我们可以想象，这一切就像是他最擅长的山水画一样，在笔下不知演绎过多少遍，而这一次，他仿佛走入了自己的画中。一个老人，在水路的尽头，弃舟登岸，不知过了几座木桥、几座茅舍。现在，他拿着屈指可数的行李，行走在太行山的小径上。周围有泉水和茂密的树林，时不时还有飞鸟从林中飞起。那么，等待他的是不是山中的秘境呢？

有意思的是，真有文献记录了李唐的遭遇。据成书较晚的《南宋院画录》记载，李唐在逃往太行山的途中，并没有遇到神仙或奇迹，而是不幸被当地的盗贼抓住了。

说是盗贼，其实不过是一群在战乱中聚众自保的当地人，大约和梁山好汉有着一样的人生困境。他们并非乐意落草，而是有着一颗不知将去向何处的迷茫之心。

但这伙盗贼并不简单——就像梁山好汉中也有擅长绘画和书法的民间高手混迹于其中——盗贼打开了李唐的行李，没有发现什么金银财宝，却发现了颜料和纸笔……

我们不知道李唐眼中的山中幽径是什么模样，但可以借助《水浒传》中禁军教头林冲离开汴京，来到梁山脚下的惊鸿一瞥，来想象一下李唐的即目所见：

> 银迷草舍，玉映茅檐。数十株老树权桠，三五处小窗关闭。疏荆篱落，浑如腻粉轻铺；黄土绕墙，却似铅华布就。千团柳絮飘帘幕，万片鹅毛舞酒旗。①

这不就是一幅山水雪景图吗？如果有人递给李唐一副纸笔，他大概也能挥洒出一幅太行山水图来。尽管这不是《水浒传》里杜撰的故事，但情节惊人地相似。那个发现李唐真实身份的盗贼，虽没有"替天行道"之义，但也并不存打家劫舍之念。他没有夺走老画家所剩无几的行李，而是做出了一个惊人的决定。他不但放过了李唐，而且放弃了山贼这份看起来没有什么前途的事业。他和六十多岁的老画家一路结伴同行，渡过战火纷飞的长江，来到了杭州。

一个是满怀山水理想的宫廷画家，一个是真的隐藏在山水之中的盗贼，让他们两个相遇，大概是上天对这个时代开的最惊艳的玩笑。这个改过自新的盗贼名叫萧照，大约也有绘画的基础。也有人说萧照并非盗贼，而是抗金义军，其实只要这两者存在先后顺序，就并不矛盾。在他们

---

① 施耐庵，《水浒传》，第十一回。

一同南渡的过程中，萧照拜李唐为师，学习了李唐绘画技法的精髓，后来也成为一位知名画家，进入了宋高宗时的宫廷画院，还成为画院的负责人。

南渡后的李唐又生活了二十多年，成为南宋画界的开山之人，和刘松年、马远、夏圭一道合称"南宋四大家"。李唐留下不少以牛为主题、寓意渔耕隐逸的作品。而他在山中奇遇中收下的那位弟子萧照，不但画了很多山水画，还画了不少和抗金主题有关的作品，比如《光武渡河图》《中兴瑞应图》等。按《南宋院画录》所言，他擅长异松怪石、苍浪古野，"望之有波涛汹涌，云屯风卷之势"，与他当年遇到李唐的太行山麓颇有几分神似。

这些笔下的山林和泉水，没有挡住北方的铁骑，也无法帮助宋人重拾旧山河，留给南宋的只有半壁江山，但山水画的基因已经深入中国文化的内部，因为它代表着一个人们向往却又永远无法企及的世界。

山水画的奥秘

山水画的奥秘是什么？打个哑谜，就是画家遇到盗贼。解开这个哑谜的关键，就是宋朝本身。

被后人称道的北宋，经济虽然发达，但同时落入了一个几乎无法填补的黑洞。北宋建立后，急欲夺回唐朝在北方留下的另外两份遗产。借助茶叶、瓷器为基础的对外贸

南宋赵黻《江山万里图》（局部），现藏于北京故宫博物院。

易，北宋得以维系一支中国历史上规模最大的常备军队。然而，庞大的军费开支不仅没有为北宋赢得胜利，还把经济负担转嫁到了普通生产者身上。

久战不胜的僵持局面，使北宋开始采取以"岁币"换和平的策略，这让周边的西夏、辽国每年都从宋朝的税收中拿走很大一部分。军费开支与购买和平，这两部分庞大的支出最终使北宋在末期背负了骇人的财政赤字。面对这样的经济压力，普通百姓和宋朝官方采取了相同的应对方式。

对于百姓来说，最好的方法就是遁入山林，逃避越来越高的政府赋税。就像《水浒传》里描绘的一样，渔民、猎人、修道者、掌握文学绘画技艺的知识分子，以及官场失意的下层官员，当然也包括承担国家赋税最大部分的农民，共同组成了"聚义者"，结拜为替天行道的义士，一同隐居到了山水之中。

借助李唐的传奇经历来看：一个画家遇到了山中的侠士，最后结为伴侣。这和山水画中旅行者、樵夫、问道者结伴同行，向着密林深处跋涉，最后隐入山峦，成为山林一部分的叙事意蕴，简直别无二致。

对于官方来说，每年向辽国、西夏缴纳保证平安的"岁币"，同样也是让人烦恼的事。如果能在美妙的自然中逃避现实，当然是一种诱人的选择。所以，以宫廷画院画家为代表的北宋官方，即使没有真的逃到高山泉水之中，也不断用山水画的形式，表达了对山林生活的渴望。而这一切背后的意象，其实就源自好几个世纪之前那座有神仙"一日一夕飞相往来"的海外"博山"。

从这个角度来看北宋的绘画，我们便能恍然大悟。宋徽宗虽不以山水画闻名，但他擅长的花鸟画，也是从山林中截取的片段，同样表达了远离现实烦恼的渴望。如果我们还知道宋徽宗为自己起的另一个称号是"教主道君皇帝"，加上他以瘦金体对中国书法的贡献，再结合第五章王羲之的故事，我们就能探知那个始终困扰着北宋君民的宿命。

所有这些因素联系在一起，也就是山水画在北宋走上顶峰的原因。

"山水"崛起，山河破碎

山水画之于北宋，或许是一门最贴切的艺术。

古往今来，东亚大陆上的许多王朝都建立过自己的事业，但这都不是凭空而起的万丈高楼，而是毫无例外地依托于普通劳动者的生产活动之上的。汉代的人们向往"博山"上的神仙世界，当很大一部分劳动者都投入到想象的世界中时，现实社会就会面临生产不足，进而导致王朝的收支失衡与破产。这样的故事在之后的时代屡屡再现。东晋的书法家，在北伐无力的背景下，开创了独特的书法技艺，以此表达内心的无奈。现在，这个故事的主角换成了北宋的山水画家与皇帝。

所有这些艺术形式，其实都有着共同的逻辑基础，都可以追溯到一个同样的源头。

我们在之前的章节中已经了解到，在最初的观念中，人们朴素地认为，人死后灵魂会回归自然，到一个景色优美的地方。这个地方是虚无缥缈的海外仙山，它被大海阻隔，生者无法抵达。

这个观念随后被佛教、道教的修行者进一步发展。他们渴望在面对现实苦难，比如赋税高压的时候，让灵魂脱离人的肉体，去往美好的地方。不论是死后前往彼岸还是修道的观念，本质是一样的，都是回到自然世界。而最能代表自然世界的，莫过于人迹罕至的绿水青山。与此同时，越来越多的修道者不再满足于许诺的虚无缥缈的仙境，他们渴望的是一个更有画面感，甚至可以被文字描述的，仿佛触手可及的超越世界。而山水画的出现，便恰逢其时地为这一古老观念提供了全新的形式。

这也是为什么在宋代国内经济紧张、外患压力巨大的情况下，官方和民众都选择"山水"作为自己"解压"的方向。

百姓逃亡到现实中的水泊世界，削弱了国家的内在力量。以宫廷画师为代表的官方机构，也把形式上的山水变成了自身的追求。画笔给他们提供了充足的表现机会，在这个基础上，山水画和花鸟、竹石甚至人物画保持了一体多面的关系。但是，对山水空间的向往，不能解决北宋的现实状况，反而加速了国家的衰落。

北宋的灭亡，让一位宫廷山水画家和一名山水中的盗贼走到了一起。更令人称奇的是，这位盗贼最后还成了南宋画院的负责人。这两种"山水"的殊途同归，让李唐和萧照留下了一些具有现实意义的画作。但南宋偏安一隅的现实，最终让后来的画家回归到更加缥缈的山水世界了。

自南宋以后，中国山水画的写实性更加单薄，写意性更加巩固，向着文人画的方向进一步发展，最终成为一种文学之士阐发个人情感的媒介。从兼济天下到独善其身，当画家逃入山水世界，新的变化即将到来。这一次，他们还要把那个古老的观念，开发出一种更具体的形式。下一章，我们来看看，融合了山水主题的园林艺术，将在元代的社会生活中扮演怎样的角色。

大隐于市的元代园林与文人

第九章

元朝的建立

　　上一章我们谈到，北宋为了维持浩大的军备，使百姓逃入了真实的"山水"之中，也迅速削弱了自身的实力。而这一点并不仅限于北宋，辽国在与北宋的竞争中同样陷入了经济不赡的境地。

　　辽代后期，虽然减少了与北宋的冲突，但辽与西夏的局部战事也没少耗费国库。于是他们引入渤海地区的女真作为自己的援助。当辽国把全部的资源用于供养女真雇佣军时，进入全面军事化进程的女真，很快就让辽国无法应对了。这个故事与汉朝和鲜卑的关系并无不同。而女真建立的金国在与南宋的对峙中，也不得不走上辽国的旧路。他们从北亚的森林中，招募了蒙古部落。

　　按照《蒙古秘史》的说法，一开始蒙古只是定期向辽、金提供貂皮的贸易部落。他们所要求的也只是来自后者的粮食、布料等生计物资。不过，当金国缺乏兵员时，就把征兵目标瞄准了那些提供貂皮的部落首领。金国把林中的猎人武装起来，为了满足他们"百夫长""千夫长"的头衔，也为了招募更多的骑兵，无所顾忌地支持他们兼并其他部落。

在和南宋胶着的战事中，金国很快就忘记了自己是如何在辽国的资助下壮大起来，又是如何在辽国日薄西山的进程中，循序渐进地蚕食了北方的领地的。当金国眼看铁木真的部落崛起，想要扶植塔塔儿部与之对抗时，为时已晚。曾被金国册封为"札兀惕忽里"（部落首领）的铁木真，很快统一了蒙古各部，并被拥立为成吉思汗。这时他所面对的，已经是一个疲惫不堪的金国、守土无力的西夏，以及蹙国百里的南宋。

虽然成吉思汗在征西夏时中道崩殂，但他的继承人将古代征服者的想象力发挥到了极致。他们一路向西，饮马多瑙河，一路向南，箭指北部湾。最终建立了史上疆域最为广阔的蒙古帝国。

在这个庞大帝国建立伊始，一个难题就困扰着帝国的执政者：在这个国家范围内，生活着太多缺乏沟通和互相不理解的居民，他们在很短的时间内成为同一国家的成员，如何对不同来源的居民进行管理，是非常棘手的事。

作为东亚最晚进入元朝统治范围的江南地区，原先是南宋控制的核心区域。这里是抵御北方政权的最后堡垒，在获得忠勇节义声望的同时，也成为元朝统治下等级地位最低的区域之一。加上元朝在很长时间里取消了团结中国知识阶层的关键的科举制度，南方知识界在晋升无路的背景下，采取了自我放逐的策略。

在王朝建立之初，往往受到抑制的对彼岸世界的追求，在元代初期就与这种自我放逐展开了结盟。知识阶层将宋代以来通过绘画表现的山水世界，以巧夺天工的建筑形式塑造出来，成为一种大隐于市的人间丛林。这一人造的"仙境"，无疑对所有人都产生了强烈的吸引，而这就是我们接下来要谈到的元代园林。

似此园林无限好

园林是一个比我们之前讨论过的所有艺术门类都要"巨大"的对象，当然，石窟寺除外。

印象中，园林是相对晚近的事物，比如颐和园、承德避暑山庄等北方的皇家园林。但我们更熟悉的，应该是一般意义上的江南私家园林。现在苏州的狮子林、拙政园是最有名的江南园林，清代时盐商兴建的扬州园林也是其中的佼佼者。官方版本中的中国"四大名园"是北京颐和园、河北承德避暑山庄以及苏州拙政园和留园。它们都是首批入选全国重点文物保护单位名单的，北方和江南正好各占一半。

不过，园林的历史可以追溯到更远的时代。北宋神宗朝的驸马王诜的府邸西园，就是当时一座著名的园林，他曾多次在此召集文坛聚会。影响最大的一次，他邀请了苏轼、苏辙、黄庭坚、秦观、李公麟、米芾、蔡肇、李之仪、郑靖老、张耒、王钦臣、刘泾、晁补之，以及道士陈碧虚、日本僧人圆通。宾主共十六人，雅集西园。与会的画坛名家李公麟，还作了一幅《西园雅集图》，将西园中的丘壑松竹、小桥流水一一描绘，成为一时美谈，更留下北宋时期著名的园林游冶盛景。"雅集"是文人自矜的称谓，"集"就是聚会的意思，雅集就是文雅的聚会，说得直白一点，就是文人们吟诗作画的聚会。正因为李公麟的《西园雅集图》，这个称号便一直流传到后世。可惜李公麟的原作今天已经看不到了，我们只能通过历代画家的摹绘作品来欣赏西园美景。

关于西园美景，王诜另有《蝶恋花》词为证：

小雨初晴回晚照。

金翠楼台，倒影芙蓉沼。

杨柳垂垂风袅袅。

嫩荷无数青钿小。

似此园林无限好。

流落归来，到了心情少。

坐到黄昏人悄悄。

更应添得朱颜老。

南宋刘松年《西园雅集图》(局部),现藏于台北"故宫博物院"。

楼台湖沼，杨柳嫩荷，王诜的西园之美，加上众多游览者的盛名，一同将这次集会塑造成古典中国三大雅集的第二名。至于第一名，当然还是我们在第五章说过的王羲之组织的兰亭会。不过，兰亭的大部分景物，可能不是出于人工，而真的是集合自然精华的天然美景。所以，兰亭的可贵在于"群贤毕集"，而非游园本身。

西园雅集以后，随着宋室南渡，园林这种独特的综合艺术形式也来到了江南。

到了元代，三大雅集的最后一次也在江南出现了。当时有一位"土豪"在昆山建了一座非常有名的私家园林，名为玉山草堂。根据这位"土豪"自编的《玉山名胜集》记载，其中建有数十个著名景点，包括钓月轩、芝云堂、可诗斋、种玉亭、小蓬莱、湖光山色楼、书画舫，等等。玉山草堂的建造比苏州的留园早一百多年，比拙政园早两百多年，可以算作江南园林的鼻祖。

园林由各种假山池塘、亭台楼榭组成，是中国古代审美的集大成者。我们可以畅想，前几章中说过的玉器、青铜器、书法、绘画，甚至瓷器茶具，还包括下一章要谈到的家具，无一不可在园林中找到。从这座玉山草堂的名胜中，我们可以瞥见"小蓬莱""书画舫"字样，那么，结合已有的知识，我们是不是可以在头脑中呈现出一幅凡俗世人乘槎登仙岛的画面呢？

换个角度来思考，元代的江南文人建造了美轮美奂如同仙境的园林，或许不仅仅是出于享乐的目的。江南园林在元代的蓬勃诞生，也因为这些园林的主人，缺乏实现人生价值的途径，只好把所有精力投入到私家园林的建设中。当蒙古官员、汉族文人和反对元朝的知识分子在园林中欢聚一堂、纵情游戏之际，元朝也就加速了它走向四分五裂的进程。这一切究竟是表现了他们对元朝现状的冷漠，还是因为元朝本身的政策将他们屏蔽于大隐于都市的丛林之中呢？

在回答这些问题之前，我们先来认识一下玉山雅集的主人顾阿瑛。以"书圣"王羲之、驸马画家王诜的身份召集的雅集能够流传后世，而排名第三的顾阿瑛又是何许人也？

玉山雅集与元代的终点

元顺帝至正八年，也就是 1348 年，台州的私盐贩子方国珍打败了元朝的地方守将，攻占温州，拉开了元末农民起义的序曲。这时，距离元朝的终点只有十多年的时间了。

不过，同样在这一年，江南的昆山却是另外一番景象。江南文学界、书画界、宗教界，甚至地方官员，关注点都汇聚到昆山一个叫作"玉山草堂"的地方。因为当时的江南巨富顾阿瑛要在这里召开一次雅集。

顾阿瑛，也称顾瑛、顾德辉。南宋末年，元朝大军南下江南，他的祖先率先归顺，在人生的起跑线上占得先机。顾阿瑛十六岁就随父亲在元大都（也就是今天的北京）和昆山两地管理元朝的一项重要产业。三十岁时，他已经积累了足够多的财富，于是开始读书，结交文人。

当时，顾阿瑛和倪云林、曹梦炎并称为江南三大巨富。倪云林，就是无锡人倪瓒，他在绘画上成就很高，和黄公望、王蒙、吴镇并称"元四家"。倪瓒靠的是家里的祖业，自己也懒得打理，晚年还散尽家财，游历江湖，漂泊无踪。松江人曹梦炎则是个地道的土豪，家有田地万亩，但和文化人结交不多。

顾阿瑛早年经商就喜欢结识各色人等，等到经济基础稳定以后，就开始广交朋友。如果说，轻财好义是顾阿瑛成名的第一步，那么接下来的第二步，就是他在中国文化史上留名的关键。

顾阿瑛四十岁的时候，把家中产业交给后辈打理，开始全心全意修建园林。在自家旧宅的基础上，花了三年时间，修建了一座名叫"玉山佳处"的私家园林，后易名为"玉山草堂"。它虽然名为"草堂"，但绝不像成都杜甫草堂那样真的是茅草屋，而是一座规模空前、景色让人过目难忘的风景名胜大全。其中景点的数目有不同说法，多次亲履草堂的西域画家吴克恭在《玉山草堂序》中说有二十六处，《元诗选注》中则说有三十六处。

1348 年，玉山雅集开幕的这一天，江南文化精英云

明代唐寅《西园雅集图》（局部），现藏于台北"故宫博物院"。

集园中。顾阿瑛也模仿北宋李公麟作《西园雅集图》之举，专门请元代有名的白描画家张渥画了一幅《玉山雅集图》。虽然这幅画作今天已经看不到了，但记录画面的文字还是保留了下来。这幅画除了描绘顾瑛、倪瓒、王蒙、杨维祯、张渥、陈惟允、陈基等十多位文坛领袖和知识精英外，还记录了园林中"碧梧翠竹、落花芳草"的湖山美景。

在这座园林建成后的十二年里，一共举办了五十多场雅集，最多的一年举行了二十多次。参加者有诗人、画家、和尚、道士，以及青楼女子，无不对这座四季景色各有不同的园林印象深刻。还有人考证说，中国戏曲鼻祖的昆曲，就发源于顾阿瑛的玉山草堂，而他也当之无愧地成为中国拥有昆腔私家班的第一人。

最有意思的是，到过玉山雅集的宾客中，既有平息叛乱的色目人、蒙古人和汉人高官，也有反抗元朝统治的江南文人。我们可以想象一下，一边是农民起义不断，元朝面临瓦解的危机；另一边却是园林中饮酒作诗，赏画听戏。

玉山雅集中的人们，为什么会以这样一种超现实主义的方式，共同面对那个时代的终结呢？

不同政见者的隐秘仙境

要解开元代江南园林起源之谜，我们还要回答一个问题：顾阿瑛为什么建造玉山草堂？

苏州留园小蓬莱

首先，元朝的经济格局给江南的土豪创造了获得财富的机遇。在元朝短暂的统治时段里，蒙古贵族发动了大量对内、对外的战争。江南生产的粮食、丝绸，成为元朝必不可少的经济根基。

而当时的昆山，掌握着元代最重要的经济命脉。这里有两条路线可以抵达元大都：一条是从江南密布的河道网络进入京杭大运河，经过扬州一路北上；另一条是从昆山东面的刘家港码头进入东海，走海路北上，到达天津的大沽港，再走陆路到大都。不管是走京杭大运河，还是走海路，起点都是昆山。所有南方的粮食、货物，都要在这里装船，尤其是江南的粮食已成为元廷维系大都供应的重中之重。这也为昆山周围的无锡、常州、苏州、松江在明、清两代成为天下粮仓铺设了轨迹。

昆山人顾阿瑛，正是在为官方管理货物装运中获得了巨额财富。

其次，对顾阿瑛来说，财富可以保证衣食无忧，但并不是万能的。他积攒了富可敌国的资产，但并不能转化成政治资本。元朝占据了宋朝的版图，却没有继承对中国文人最重要的一项制度——科举制。

元朝奉行"马上得天下、马上治天下"的统治原则，对手下败将奉行已久的治理之术很不屑，尽管元朝之前的辽、金、西夏都效仿了北宋的取士制度。元朝在建立之初就取消了隋唐以来兴盛数个世纪的科举制度。江南知识分子的人生目标，本来是饱读诗书，满心打算通过科考进入仕途，成为国家的政治精英，现在却前景暗淡。另外，增长中的财富非但没有给文人们带来满足，反而加剧了生命中的空虚感。比如，和顾阿瑛齐名的无锡富豪倪瓒，就选择散尽家财，浪迹于太湖的风景名胜中。

元朝后期，在汉人官员的建议下，曾短暂恢复科举。但因为元朝历史上延续下来的蒙古人、色目人、汉人、南人的等级制度，蒙古人和汉人分开录取，许多参加考试的南方文人仍然不得重用。这让知识阶层缺乏对元朝政权的认同感，也在社会不同人群之间留下了难以消除的隔阂。

以上这两个因素，便为玉山草堂的出现创造了条件。有钱，却不能参与政治活动，对于江南土豪来说，就只剩下任性这一条路了。

元顺帝至正八年（1348 年），顾阿瑛开始进一步修缮祖业旧园"小桃源"，计划修建全新园林。正是这一年，顾阿瑛的好友张雨购得了前辈画家钱选的《浮玉山居图》，他或许就是从这幅画中得到了启发（也有人说，昆山别名玉山，玉山草堂从其义）。这幅今天收藏于上海博物馆的元画上，还保留了仇远、张雨、黄公望、顾瑛、倪瓒等人的诗跋钤印。钱选是元初的画家，继承了宋代山水画的衣钵。在山水丛林中逃避世俗的烦恼，曾经是山水画家最钟爱的主题。而今，这一古老的主题，让有心出力却报效无门的江南文人，找到了共同的心声。

元代的江南文人热衷于世俗化的生活，并不真心想避居山林，他们更愿意把山水画里描绘的"世外桃源"搬到自己身边。既然有了经济基础，又有了新的精神追求，天生的行动家顾阿瑛，很快就把这个想象中的山水情景，在自己的家中搭建起来了。

前辈留下的山水之作，就像是可以按图索骥的施工草图。元末收藏过《浮玉山居图》的郑元祐曾评价此画："此间大山堂堂，小山簇簇，杂树迷离，岩多突兀，烟霭迷津，但闻泉声，舜举其画，得其真玄也。"那么，把画中的大山，变成了园林中的假山，画中的泉水变成了假山中的瀑布和池塘。小桥流水、杂树珍禽，这些山水画中的点缀，现在都活生生地成为园林的一部分。这座园林，就是一幅可以让人置身于其中的山水画。

这样一种真实得让人无法相信的人间仙境，像魔法创造的乐园一样，让蒙古贵族、汉人官员、知识分子以及元朝的反抗者，在其中流连忘返。他们对元朝的命运，始终保持了一种身外之事的漠然感，这让元朝失去了可以力挽狂澜的最后依靠。

虽然玉山草堂在二十年后毁于元明换代之际的战火，消失在历史深处，但园林艺术的形式，在明清时代保留了下来。

与草堂的宿命一致，顾阿瑛晚年为避张士诚之乱，尽散家财，削发为僧，自号金粟道人。他去世的时候已经是明朝洪武二年（公元 1369 年），此前还因为儿子曾入仕元朝而受流放之苦。不知他去世之前，是否会怀念在玉山草堂的那段生活，因为那在一定程度上预示了元朝和他自己的命运。

我们可以再次回顾一下玉山草堂的宾客们。

和顾阿瑛交往甚早的柯九思，是元文宗图帖睦尔的近臣，奎章阁鉴书博士，因为"南人"的身份受到排挤，退居江南，在"小桃源"时代就多次到访。还有曾任翰林、侍读兼祭酒等要职的张翥，江浙行枢密院都事张端，文华殿大学士全思诚。不同时间来到草堂的还有时任浙东道宣慰使都元帅的色目人泰不华，他在 1348 年方国珍起兵后履职出战，旋即战死。后来任张士诚太尉府参军事的陈基也是草堂宾客，他为张士诚起草了大部分布告、文书，入明后还曾参编《元史》。

据统计，加上王冕、王蒙、倪瓒、黄公望、杨维桢、虞集等志在隐逸的文化名流，以及有文化的僧道人士，共有一百四十余位出身、政见、族裔各不相同的学者、诗人和书画家，都曾参加过这个江南园林中的聚会。可以说，他们是在位于繁华市邑的园林里，共同参与谋划了元朝的分崩离析。

园林观念本身，并不是一种享乐主义的表现。园林的建造者从宋代山水画中得到启发，把山水画中描绘的山林景象一一具体呈现。以微缩或者模仿的形式，把遥远的山林，搬迁到自家的庭院中。就像一个魔法师，创造了一个独立的平行空间。这种全新的建筑理念一经出现，就迅速吸引了广大缺乏现实追求的知识分子。不论是元朝统治的支持者（比如泰不华），还是它的反对者（比如陈基），都在这个超现实主义的空间里握手言和，一同成为艺术的欣赏者与参与者。

诞生于玉山草堂、对中国现代戏曲影响巨大的昆曲，实际上也是通过对古老人物之灵的召唤，让古人之灵与今人同堂相见，将这个园林仙境演绎得尤为逼真。

正是玉山亲历者游离于现实的虚无感，加速了元朝的瓦解。

第十章

明式家具与白银时代

充满想象力的明朝

明代的中国，是一个充满想象力的朝代。

利用摩尼教的"明王"信仰，元末的起义者颠覆了庞大的元帝国，并让这个结合了佛教弥勒信仰的名称，成为明朝的一部分。

另外，失去大都的元朝，并没有像以往进入中原的游牧民族一样迅速融入东亚文明的洪流，而是重新回到了大漠以北的克鲁伦河流域。从此以北元的名义出现在中国的历史舞台上，继续对南方的明朝施加着特别的影响。

明朝的北面，北元重建了漠北地区的秩序。它的西面，察合台汗国依旧控制着河西走廊以西直至中亚的河中地区。再往西，伊尔汗国已经在周边属民的反叛下分崩离析，不过要让它彻底失去"黄金家族"的印记，还要等待之后伊斯兰化、突厥化的蒙古贵族帖木儿的出现。曾经与伊尔汗国互相竞争的金帐汗国，同样走了下坡路，但依然维系着最后的尊严，等待莫斯科大公国的崛起。

通过这些简短的叙述，可以让我们直观地明白一个事实：虽然明朝驱逐了蒙古的统治，但打破汉地文献有限的视角，我们可以清醒地发现，和明朝这个汉地新生的国度相比，蒙古帝国在过去一个世纪中积累的影响力依旧很大。

成吉思汗及其后人建立的蒙古帝国，建都于大都，其本身更是一个世界性的帝国。四大蒙古汗国之间虽然不时因为领土或即位问题发生纠纷、战事，但更多的时候保持了欧亚大陆之间文化和物质的流通。所以才有了威尼斯旅行家马可·波罗跨越整个大陆的探险，也有了元朝对域外人文的认识和物产的体验。

按照元代史书《南海志》的记载，元代从亚、非各地进口的商品，达七十多种，主要有珍宝（象牙、犀角、珍珠、珊瑚等）、香料（沉香、速香、檀香等）、药材，还有布匹（白帆布、花帆布、剪绒单、毛驼布等）、器皿（高丽出产的铜器，东西洋诸国出产的藤席、椰簟等），以及皮货、木材（包括船上用的铁梨木）、漆，等等。[1]

随着明朝第三位继承人明成祖朱棣发动"靖难之役"，这位封地与蒙古部落接壤的王子，从北直隶一路向南，

① 陈高华，《元代的海外贸易》，原载《历史研究》1978 年第 3 期，转引自陈高华著，《元史研究论稿》，中华书局，1991 年。

成功登位，再度把首都从南京迁回了元顺帝离开后的大都——北京。在这个大都的旧址上，或许更能让人追忆元帝国的辉煌，因为此时，继承了元朝东亚版图的明朝，的确开始制订一项惊人的航海计划。

过去一直传闻，郑和下西洋和明成祖对侄子建文帝下落的兴趣有关。更合理的解释，是因为明代初期依然保留了对"西洋"人文和物产的记忆。鉴于北边道路不通，从南方走海路其实是最可行的方案。于是，有关这条西洋航路的种种传闻，就成为明朝这个充满想象力的朝代中，最让人向往的一段故事。

明朝的家具为何如此有名

今天人们有关明朝的印象中，除了锦衣卫、飞鱼服、绣春刀之外，还有一类耳熟能详的器物或许就是明式家具了。家具，家家户户都有，桌椅板凳、衣橱箱柜，都是家具。家具的样式、材质、装饰方法多种多样，价格也高低不同。即使是对家具最外行的普通人，大概也能说出当下价值最高的明式黄花梨家具。

明式家具以几案、椅子、凳子为主，有着古朴典雅的特征，为家具爱好者所热衷。然而，中国历朝历代，相隔几百年，按说都有各自的家具款式流传后世，为什么独有明式家具一直受到推崇呢？

明黄花梨透雕靠背圈椅

明黄花梨玫瑰椅

这里我们首先需要区分两个概念，分别是家具的样式和材质。明式家具一般不以繁缛的花纹饰样取胜，而着重于家具外观轮廓的线条变化，每件具体器物，都富有一种线条流畅的美感。这种家具既脱离了宋元之前过于古拙的传统样式，又能做到取法自然、简约返璞，和清代及以后非常讲究表面装饰、精镂细刻的家具有很大区别。这种式样的家具，不论是实物还是图片都较容易找到。明代以后的工匠，只要参照图样，照葫芦画瓢，也能制作出八九不离十的（仿）明式家具来。

然而，这种不太高的门槛，或许会让明式家具的身份有所下降，所以，业界在此基础上，又给这种家具增加了一个材质上的属性——明式家具应由黄花梨、紫檀一类南洋硬木制成。花梨木现在主要生长于中国海南和中南半岛，而紫檀主要分布于印度洋沿岸。这些并非中国内陆盛产的木料，便以其外来特征，成为明式家具的一项重要元素。

为了使明式家具材质的独特性言之成理，这些南方硬木的来源，便与郑和下西洋的传说产生了联系。按照流行的说法，在郑和七次下西洋的行动以及之后的海上贸易中，瓷器作为中国商船的货物兼压舱物，在海外港口被置换成了同等重量的西洋硬木，并随着郑和宝船一道回到中国。就这样通过明代的对外贸易，印度洋沿岸的紫檀木，南洋地区的花梨木，源源不断地流入中国。而以漆木制作闻名的苏州地区，比邻郑和出海的昆山刘家港码头，所以苏州当地制成的苏作明式黄花梨家具便随之诞生。而这类硬木原料，又反过来使明代家具有了独特的魅力。

不过，真相并没有这么简单。明代家具的兴盛，的确反映了明代对外贸易的巨大收益。对外贸易使得当时的中国人，尤其是江南一带的富裕家庭，在生活品质上有了更高的追求。然而，明代的人们是否真的对南洋硬木保持了追捧的态度，并视之为珍品，则有待探讨。

接下来，我们将从明代的家具谈起。从这种典雅的家居陈设给明朝生活和社会阶层带来的改变中，了解一下当时日益增长的物质追求，是如何把明代引入高收入、高风险的全新的贸易体系中去的。

明式家具和木匠皇帝有关吗

明式家具神话的诞生，很可能和另一个传说也有密切关联，这个传说的主人公就是明朝的倒数第二位皇帝熹宗朱由校。

中国历史上许多皇帝都有个人爱好，比如后唐庄宗李存勖喜欢唱戏，是位超级票友；宋徽宗赵佶喜欢书法、绘画，自成一家；而明熹宗则是一位木工爱好者。明熹宗对木工活计非常着迷，为了做手工，甚至把国家政务推给太监管理，魏忠贤因此得势。不过这个说法主要来自清朝方面的记载，可能有抹黑木匠皇帝的嫌疑。

　　按照明末笔记《酌中志》记载，明熹宗不但亲自参与了大内宫殿的建造，还酷爱制作木器，家具、木偶、屏风样样精通。他亲手制作过一个喷泉装置，在大铜缸里设置好管道，通过开关可以控制水流的大小。据说他还制作过一些木偶，有男有女，神态惟妙惟肖，不但五官轮廓清晰，还安装了手臂，绘上水彩，下面固定在竹板上，摇动起来栩栩如生。最让人称道的是他制作过一张木床，不但亲自雕镂花纹，还设计了可以折叠的床板。这种款式可能在当时也是独一无二的。遗憾的是，这些木质家具都没有保留下来，只是给我们留下了广阔的想象空间。

　　木匠皇帝制作家具的木料有哪些呢？《酌中志》中没有提到熹宗使用的木料，但提到当时的宫里确实设立了一个名为御用监的部门："凡御前所用围屏、摆设、器具，皆取办焉。""有佛作等事，凡御前安设硬木床、桌、柜、阁及象牙、花梨、白檀、紫檀、乌木、漆鹅木（鸡翅木）、双陆、棋子、骨牌、梳栊、楪甸、填漆、雕漆、盘匣、扇柄等件，皆造办之。"从中可以见到，明朝宫内的确使用了"花梨、白檀、紫檀、乌木"等料，但它又不属于制作硬木床、桌、柜的材料。当时用作家具的硬木，多指杉木、楠木一类中国广泛使用的木材。

　　这本有趣的文献还提到："圣性又好盖房，凡自操斧锯凿削，即巧工不能及也。又好油漆匠，凡手使器具皆御用监、内官监办用。"就是说，明熹宗喜欢动手做的事情，除了做家具和盖房子，还有给家具上漆——在做好的家具表面刷上厚厚的大漆，用彩绘或镶嵌的方式进行装饰。这就是我们一般说的漆木家具。既然外面上了大漆，里面到底用了什么木料，也就无关紧要了，因为一概看不见。

而用花梨木或紫檀木之类的硬木制成的明式家具，表面是不上大漆的。可见木匠皇帝热衷的家具，并不是今天认为的黄花梨家具。而且，根据万历晚期编撰的《工部厂库须知》所载，广东布政司每年交给御用监的硬木有"胭脂木十段、花梨木十段、南枣木十段、紫榆木（紫檀）十段"。这些木料都交给擅长精细雕刻小件的"佛作"进行加工，并没有制作成后来所谓的明式家具。

这样看来，有关郑和用中国货物去南洋换花梨木、紫檀木，再制成明式家具，并对明熹宗产生了吸引的说法，并没有什么依据。那么，问题又来了，为什么在后来的年头里，花梨木和紫檀木会从明代家具中脱颖而出，演变成一个关于明式家具的传说呢？

园林装修指南

要解开明代家具的这些疑点，我们要咨询一位明代的苏州作家文震亨。他的头衔很多，有作家、画家，还有园林设计师，有趣的是，他还是江南四大才子之一文徵明的曾孙。文震亨写了一本《长物志》，成为今天研究明代文人生活的标杆。

明代文人的生活，得益于当时经济的发达。对这一点，郑和是有很大功劳的。在明朝北边与西洋陆路通道阻断之际，他打开了中国通往印度洋的商业路线。借助这条路线，明朝人也和占领东南亚的西班牙人、荷兰人展开贸易。所以说，郑和带给明朝的其实是一条商业路线，瓷器、丝绸一类的中国商品经由这条路线外销，反过来又给明朝换来了来自美洲的白银，以及象牙、花梨、白檀、紫檀、乌木、鸂鶒木等外来物产。外来的经济动力和资本，对生产外销产品的江南地区产生了重要影响。

当这些财富开始在当地积累起来时，明代江南富豪建造园林的热情远远超过了前代。园林不再是过去那种逃离现实的都市仙境，而真的成为世俗生活的逍遥乡。此外，新式原料的进口，也让明代中国人的生活水准有了很大提高。于是，建造园林或提高生活水平就成为明代人生活中很重要的一个方面。文震亨的《长物志》便在这样的背景下应运而生。书中写到"室庐、花木、水石、禽鱼、书画、几榻、器具、位置、衣饰、舟车、蔬果、香茗十二类"器具。用今天的话来说，这就是一本"园林装修指南"：如果要布置一座园林，需要哪些物件。

我们试想一下，如果要让一座空荡荡的房子充满生活气息，最少不了的其实就是家具，"花木、水石、禽鱼、书画"

扬州瘦西湖半面书屋水榭花窗与树桩、几、凳。

都派不上大用场。正是那些看似普通的桌椅板凳、床榻箱柜，让整个房间有了使用感。这些家具的装饰基本都以髹漆为主，比如，桌子"漆者最多"，椅子"最多曾见元螺钿椅"（嵌螺钿为大漆工艺的一种），床则"以宋元断纹小漆床为第一"。可见，中国本土用来制作家具的木料都不特殊，但中国的大漆工艺了得。不管什么木料，只要表面用大漆装饰，看起来就非常漂亮，既方便装饰，也方便擦拭打理。这是明代家具的主流制作方式。

不过，我们在上一章中已经发现，园林有个奇妙的地方，它的本意是模仿自然环境中天然出现的仙境。在这个仙境里，最受欢迎的魔法效果，可能就是一棵植物自己生长为一张茶几、一张椅子，仿佛浑然天成的一件器物。我们时常见到的造型独特的根雕器物，就是基于这样一种思路制成的。

所以，在《长物志》的"几榻"一栏中，还专门留出了"天然几"这个类别。这种天然几一般都"以文木如花梨、铁梨、香楠等木为之……或以古树根承之"，给人一种浑然天成之感，也算是园林这个人造环境中，最接近自然的一种陈设。既然谓之"天然"，大漆便用不上了。但一般木料不用大漆，不免失之单调。而通过海洋贸易来到中国的花梨木和紫檀木，因为本身自带致密细纹，可以替代漆色的装饰效果，又给使用者提供了天然的想象空间，终于在中国传统家具的行列中跻身于一角。不过，在当时，这些南洋硬木在家具制作上的地位，还是比较边缘的。

这样，《长物志》这本"园林装修指南"就帮我们解开了明式家具之谜。首先，我们了解到明代园林装修和家具工艺的普遍情况，主要还是以上漆为主，不上漆的只是少数。其次，紫檀、花梨一类硬木的出现，确实增加了明代家具材料的种类。但是，这些木料之所以在今天成为明式家具主要的标签，是因为一个尴尬的理由：它们不用上漆，看一眼木料本身的纹理，要比辨别家具的款式造型简单许多。对于许多初级入门者而言，这就成了金科玉律。所以，由南洋硬木制成的家具，也就借由一个传说，一不小心从明代家具中的非主流，成为"明式家具"的主流。

明代家具背后的国际贸易

从新的视角审视明式家具，我们会发现，这一切得益于从元代开始出现的江南园林。

园林的修建在富裕的明代江南更加普遍。与园林有关的明代著作，除了《长物志》以外，还有更为专业的《园治》一书，该书涉及具体的园林建造。不过要论园林内部的家居布置，还是首推《长物志》。通过这部作品，我们可以梳理出一系列有趣的逻辑。

明代众多私家园林的修建，既推动了造园建筑业的发展，也刺激了以家具制造业为主的内部装修产业的兴盛。

不论是富豪之家，还是从对外贸易中获利的普通人家，都在家具等内部装修方式上开动脑筋，明代家具就是在这个大背景下走向兴盛的。这也是明代家具给人印象深刻的一个原因——绝对数量上的优势，能将这种流行趋势巩固下来，变为一种独特的审美趣味。不过，从文献中我们也能看到，明代家具的主流还是漆木家具，南洋硬木制成的家具占比非常有限。

大约到清代以后，南洋硬木的进口才逐渐普遍起来，人们用这类材质仿照明代家具的样式，制成了形制相仿的器具，终于使"明式家具"成为流行趋势。今天留下来的"明式家具"，有大漆的，也有花梨木的，前者还是主流，花梨木等硬木的还是以清代及以后仿制的居多。归根结底，这些都反映了明清时代江南社会因商品经济发达而富裕的一面。

我们也可以从这个新的视角解读明熹宗热爱木工的记载。不是皇帝对木工的爱好影响了明式家具的出现，而是明代社会普遍的家庭陈设品位使家具制作成为一种风潮，并感染了皇帝的个人爱好。而这一切都源自明代初期对南洋、西洋航路的探寻。从这个角度来看，郑和下西洋的历史事件，也无法自外于整体的趋势。

明代中国，尤其是东南沿海，与菲律宾、日本，以及刚来到东亚的西班牙、葡萄牙、荷兰等国的贸易活动，为明代园林和家具的兴盛提供了最重要的经济支持。按照著名经济史学家贡德·弗兰克在《白银资本》一书中的说法，中国在当时成为美洲白银主要的流入地之一。随着大量中国优质瓷器、丝绸输出到葡属印度群岛、菲律宾以及西方国家，"每年大约有 20 万公斤的白银流入从宁波到广州的华南和东南沿海地区"[1]。这些随着象牙、紫檀、乌木等南洋物产一同流入的白银，在鸦片战争之前都没有再次流出中国，直至清朝开始签订附带赔款条目的议和条约。

白银的去向

现在，我们知道明式家具之所以流传后世，比我们设想的复杂，也有趣许多。

从更大的角度来理解明代经济，我们会发现，元朝留下的西洋记忆，激励明代初期的统治者通过海路重建与欧亚大陆西部的联系。郑和的船队开辟的这条海上路线，使中国产品向西流动的效率远超元代的内陆商旅。

中国的商品以及有关东方的传说，最终促使西欧冒险家在一个多世纪后绕过好望角，沿着郑和航线逆向行驶，来到了中国的南海之滨。随着西班牙、葡萄牙两国海船一同到来的，还有美洲新发现的白银。海外贸易带来的大量白银，使中国的财富得到极大增长，不但刺激了家居生活

---

[1] [德]贡德·弗兰克，《白银资本——重视经济全球化中的东方》，刘北成译，中央编译出版社，2008 年，第 225 页。

的繁荣，也让元代时少数"土豪"兴建的私家园林，在明代大量出现。

而家具作为家庭日常和园林陈列中必不可少的组成，在这种消费潮流中被大量制造出来。潮流波及之广，连皇帝也成为擅长家具制作的木工爱好者。

我们今天所谓的明式家具中主流的紫檀木、花梨木，是来自南洋的硬木，在当时只是明代众多家具材料的一两种。因为独特的纹理和装饰效果，在所有明式家具中，它们成为最易辨认的类别，并影响了后世对明代家具的判断。从这个角度来看，可以说不加修饰的明式黄花梨家具，浓缩了后人对这个充满想象力时代的集体记忆。

通过对外贸易流入明朝的白银，不但促进了国内的生产，还刺激了人们的购买欲望。明朝还向北方黑龙江、嫩江流域的人群开放市场，用白银购买东北亚地区的特产，比如人参、貂皮、鹿茸，等等。这些白银最终转化为粮食性产品留在东北，于是前面"'李将军'传奇"中的循环又出现了：这些粮食让北方满洲地区的人口急速增长，更多的人口生产了更多的特产，更多的特产又换来更多的粮食。

最后，在明朝末年，那些在两个世纪中数量高速增长的北方人，突破了山海关的防线。下一章，我们将从火枪这一明清交替中起到关键作用的武器，来谈一谈满洲女真社会的发展，以及他们是如何卷入欧亚大陆的整体脉络的。

放粮还是不放粮

明代末年，国家陷入了严重的危机中。来自陕西北部安塞县的马贩高迎祥自号"闯王"，拉开了明末农民起义的序幕。起义的原因是饥荒。

在过去几十年里，由于漠南蒙古的俺答汗在土默川（前套平原）开启通商互市，明朝维持了北面的安定。这让明朝可以把大部分注意力放在东北地区的满洲部落。从国家层面来说，注意力便意味着大量的人力、物力的投入，说得更具体一点，就是明朝把粮食都运去了东北。

我们在之前的章节中已经知道，明朝在中期以前，出于非常复杂的心态和全球化的契机，有意识地强化了东北地区的投入。比如与女真开始"马市"，以限制蒙古马对明朝马政的垄断。同时，因为南方贸易的丰厚收入，开始大规模购入东北产品，极大地刺激女真社会在貂皮、人参、东珠等物品方面的生产。这导致的一个结果就是女真人口大

满洲初创时赫图阿拉等地边贸的繁荣景象，塑像根据文献还原，作者摄于辽宁省博物馆。

幅增长。

在一个极易受气候变化影响的地区，催生出一个人口庞大的社会，是一件危险的事。为了安抚这个不甚稳定的社会，明朝每次都以息事宁人的姿态，通过扩大贸易份额，增加粮食投入，获得一时的安定。而这些举措，只不过是把更大的威胁留给了未来。

除了供给女真的粮食之外，明朝还在山海关外安排了重兵，戍卒的后勤消耗可能还要超过贸易活动的投入。而且，明代后期李成梁、熊廷弼、袁崇焕等将领，都在东北进行过大规模的军事行动。这几方面的开销叠加在一起，困扰明朝后期的问题就渐渐浮出了水面，这真的是一个"人们日益增长的物质需要同有限的社会生产之间的矛盾"。

这个问题也困扰着明朝后期所有的边疆大吏，比如袁崇焕，就是在"放粮还是不放粮"这个莎士比亚式的难题中，走向了自身命运的终点。日益增长的关外人口，还会在极端状况下对明朝的边关发动经常性的冲击。明朝方面，随着生产匮乏引起的内向坍塌，边关将领们从初期的屡屡获胜，转变为中期难求一胜，到最后屡战不胜。

为了解决打不赢的问题（粮食匮乏的问题，几乎是无解的），明朝方面决定采用全新的武器，希望借此取得一劳永逸的胜利。这个新武器，就是火器。

火器的进化

大约在唐代时，中国就有了制造火药的记载。火药在军事上的正式应用，大概要从北宋算起。宋真宗时已经有火箭、火球等武器。根据曾公亮的《武经总要》记载，当时已有三种火药配方及多种火药武器。从效果来看，这些火器的作用主要有两类：一类是单纯地远距离点燃对方装备；另一类则是通过燃烧含硫物质，发出大量烟雾及刺激性气体，用以阻遏敌军。显然，这和后来的火药武器相去甚远。

蒙古军队在南下征服的过程中，通过与宋军接触，迅速掌握了火药的制作和火器的应用，这在他们倾力西征的过程中也起到了一定的作用。后来通过元军与阿拉伯国家的交流，火药又进一步西传，最后经由环绕地中海的路线传入欧洲。另外，阿拉伯地区的一种攻城设备，也经由蒙古军队传回中国，因为来自西亚地区，便被概称为"回回炮"。这种设备虽然名为"炮"，但并没有用火药，而是一种体量惊人的投石机，利用杠杆原理抛射巨石，能对墙体和人群这类大规模目标造成不小的杀伤。

后来经过欧洲人改良的火器，就是把中国和西亚的这两种技术结合在了一起。在密封钢制炮管内点燃炸药，极短时间内增大的压力，可以将炮管内充填的炮弹高速射出，实现对远距离目标的打击。这利用了火药的爆炸力，也实现了投石机的射程，但技术关键在于炮管的研制和火药成分的配比。

早期的欧洲火炮并不明显优于中国火器，随着炼钢技术的升级、火药成分的研发，以及瞄准计算的发展，欧洲火炮的技战术水准在长期实践中有了很大提升。

在郑和远赴印度洋、阿拉伯海，以及非洲东海岸的近一个世纪后，葡萄牙航海家达·伽马绕过好望角，沿着与郑和近似的路线反向而来，到达了印度洋海域。从此以后，欧洲大帆船开始出没于从印度洋到中国南海的广阔海域。随同这些帆船一同来到南中国沿海的，除了欧洲的传教士和南美洲的白银，还有已经开始走在世界前列的欧洲科学技术。其中既包括航海旅行赖以生存的天文、海流知识，也少不了在海上遭遇战中险中求胜的武器制造技术。

当时的明朝政治家和边疆大吏并不清楚，正是欧洲人的贵金属和购买力，刺激了明朝社会的生产热情，促使他们将剩余粮食流转到东北部落的营帐，最终为自己培养出一位挥之不去又无法战胜的贸易对象。但是，明朝对那些出没于南海岛屿、试图深入帝国内部的葡萄牙商人和传教士，还是有着直观的认识，尤其是对随之而来的西洋大炮和火枪。

这些外来的武器，能否对关外的人群产生足够的震慑，让他们重新服膺帝国的权威，并最终拯救摇摇欲坠的明朝呢？

红夷大炮真的击中努尔哈赤了吗

满洲的女真部落国家，是明朝中后期的主要对手。在双方战争中，明朝的优势渐渐丧失，反映出满洲方面的逐渐强大。

明朝原本就有使用火器的传统，这些火器主要分为两类。第一类是拿在手里的火铳和鸟铳，都是在铁管中装入铅弹或铁弹，引燃内装的火药来发射。这种火器射程较近，也就五六十米。火铳是直筒，鸟铳则装了枪托（从日本辗转流入的改良型），枪管也比较长，瞄准性稍好一点，造型类似西方的火绳枪。

第二类就是火炮，发射原理和火铳一样，体形巨大，有的可达上千斤，装填较大的石头、铅弹、铁弹。明代早期的火炮没有统一的规格，口径差别较大，有些炮筒很短，发射时响声很大，射程却很短。因为炼钢技术跟不上，铸造的炮身稳定性不太好，有时开一炮，自己人也被震飞挺远，甚至还会发生炸裂自伤的情况。所以，作战的时候，主要靠响声和烟雾起到威慑作用，或者对大面积的敌军有一定杀伤效果。

这是明朝自身的火力装备情况。而早期的满洲部落，只有弓箭、大刀，在明朝军队面前几乎不堪一击。随着战争的不断爆发，满洲军队的数量和战斗力不降反增，这让

明弘治十八年（公元 1505 年）碗口铳

明嘉靖二十四年（公元 1545 年）子母铜火铳

明朝非常头痛，急需可以克敌的武器。

大约在天启年间，也就是明朝倒数第二位的木匠皇帝当朝的时候，占据澳门的葡萄牙商人，打捞出一艘英国武装商船，把船上的三十门舰载火炮中的一部分卖给了明朝。在此之前，内阁次辅徐光启从葡萄牙人处购得四门火炮，此为明朝购买红夷大炮之始。这次得到的英制舰载火炮，炮身长，有较厚的炮管，射程和精准度都明显优于明朝自制火器。急需优良武器的明朝，对这种大炮很感兴趣，很快就开始寻求更广泛的获取渠道。

他们一方面继续从葡萄牙人和荷兰人手里购买西式火炮，另一方面也通过仿造的方式尝试自己生产大炮。葡萄牙人和荷兰人都被明朝称作"红夷"，也就是红色头发的外国人，因此这种大炮也被称作红夷大炮。

此时，明朝和满洲的战争已经发展到难分胜负的阶段。这些新引进的火炮，加上另外购买的火绳枪，很快被部署到了辽东战场，准备当场检验效果。这时镇守辽东的就是著名将领袁崇焕。传说他在辽东的最大功劳，就是用部署在宁远城上的红夷大炮，击伤了满洲大首领努尔哈赤，导致后者因伤过重不治身亡。

虽然传说把功劳算在了袁崇焕和红夷大炮的身上，但无论是袁崇焕的奏折，还是明朝表彰袁崇焕取得宁远大捷的圣旨，都不曾提到努尔哈赤受伤一事。而且据《两朝从信录》等当时的文献显示，已经六十八岁的努尔哈赤，其实是死于背部肿瘤。

人们为什么这么喜欢红夷大炮的传说呢？一个理由或许是，后人笃信当时先进的舶来武器，会对来自东北林莽的部族领袖产生巨大威慑。而袁崇焕和红夷大炮便是明朝最后一次击败满洲部落的机会。退一万步讲，即便传说是真的，明朝改进的西式火炮能否对满洲骑兵产生根本性的优势，进而改写明清之间的历史呢？

北方草原的贸易网

历史的真相是，红夷大炮的确只是一个美好的传说。

明朝希望借助这些先进武器，取得对满洲部落的压倒性优势，然而后者对明朝的新式大炮和火枪并不陌生。因为明朝并不是满洲部落接触的唯一人群，在明朝眼中封闭、落后的满洲，还有其他的邻居。满洲的西部，在蒙古高原的北面，有三大蒙古汗国，再往西是广阔的西伯利亚，和欧亚大陆北部草原连成了一片。

16 世纪初，逐渐兴起的俄罗斯开始走上对外扩张的道路。16 世纪中叶，沙俄相继征服伏尔加河流域的两个蒙古公国，东越乌拉尔山，进入西伯利亚平原。俄罗斯军队在征服西伯利亚汗国的过程中，就是凭借火枪（对弓箭）的技术优势，一步步向东开拓，沿着额尔齐斯河，毗邻了蒙古高原最西部的阿尔泰地区。面对西伯利亚汗国的抵抗，俄罗斯几乎是全靠火炮的帮助，才最终在这个地方站稳了脚跟。

明朝中后期，蒙古汗国位于中间、俄罗斯位于西部、满洲位于东部的格局已在亚洲北部建立。俄罗斯的东进势头被蒙古汗国阻挡后，他们只好通过贸易手段，换取当地人的支持。

俄罗斯商人渴望蒙古和远东地区的貂皮，蒙古汗国则在实战中看中了俄罗斯的火炮和火枪。就这样，在双方各有所需的背景下，俄罗斯与远东的贸易联系建立起来了。根据俄国方面的记载，当时到访莫斯科的蒙古使团，曾提出感兴趣的俄国产品有："银盘三个，珍珠若干，火枪二十支，快刀两三把……"

尽管俄罗斯禁止向蒙古方面提供枪支，但西伯利亚的堡垒前哨，还是从返回的蒙古使团代表身上搜出了偷运的九支火枪。这显然只是其中一小部分。1638 年，是莫斯科最后一次向蒙古地区派遣使节团的一年，但蒙古人只给了他们 200 张普通貂皮，以及用于抵充价值的"二百袋茶叶，若干匹中国花绸缎"[①]。这大概是对之前从两位俄罗斯大使身上扒下佩枪的回执。

同样是在 1638 年，这是清太宗皇太极在沈阳称帝、把国号从"大金"改为"大清"的第三年。不久前他击溃了

---

① [苏]Н.П. 沙斯季娜，《十七世纪俄蒙通使关系》，北京师范大学外语系七三级工农兵学员、教师译，商务印书馆，1977 年，第 51 页。

蒙古末代大汗林丹汗，使得漠北蒙古喀尔喀三部大为震服，先后前来朝贡。这一年的《满文老档》提到，喀尔喀三汗之一的土谢图汗除了进献骆驼、马匹、貂皮之外，还有"俄罗斯国鸟枪两支"。另一位车臣汗也献了"俄罗斯国鸟枪一支"。

明朝有南边的葡萄牙商人，而满洲首领也有自己北面的蒙古盟友，以及更西面的俄罗斯远客。由此可见，全球化的先声早已来到欧亚大陆的东北角，只是选择了一条明朝所不知的路径。就在明朝文献提到所谓红夷大炮击伤满洲大首领的几个月后，《满文老档》写到，努尔哈赤依然忙着"整修舟车，试演火器"。究竟这些火器是来自南方的明朝降将，还是北面的俄罗斯使团，就不得而知了。

尽管结果我们已经知道，但这张被草原联系在一起的北方网络至少告诉我们，满洲大首领对明朝的胜利并非偶然，一切早已写入了 16 世纪以来渐渐明晰的全球趋势。

早已被写下的结局

当我们把蒙古高原东、西两边发生的事情联系在一起的时候，就差不多能明确满洲首领的物质流动之路了。

我们就从蒙古汗王送给莫斯科的那"二百袋茶叶，若干匹中国花绸缎"说起。据俄罗斯方面的文献记载，沙皇和贵族们当时还没有打通远东路线，对待这二百袋茶叶的态度还非常谨慎。他们模仿起在阿勒坦汗（即俺答汗）营帐中看到的蒙古人喝茶的方式，往茶里添加了很多牛奶和蜂蜜。这是最早的关于茶叶进入俄国的文献记载。有趣的是，中国生产的茶叶，也以这样一种特别的方式，通过俄罗斯进入了欧洲的市场。这应该要比西方通过英国东印度公司了解和品尝茶叶早一个多世纪。

蒙古的茶叶和绸缎又来自哪里呢？阅读完本书前面章节的读者，显然不会为这个问题感到困惑。

从明代初期开始，明朝就在东北满洲和蒙古地区开设了多处市场，用以交换东北的物产，包括马匹、貂皮等，其中主要的就是人参，而且需求量从明代中期以后成倍增长。明朝之所以有了这么大的购买力，得益于它和葡萄牙、荷兰等国的海外贸易。明朝向西方出口瓷器，换来白银，又将这些白银用于购买北方物产。这一物质的流动，既为满洲的崛起提供了动力，又让明朝的茶叶和绸缎源源不断地流入了蒙古和满洲地区。

不久前，貂皮还是北亚林地与草原之间的硬通货。可由于南方汉地和西方俄罗斯这两大人口共同体的需求，已经很难持续稳定地获得貂皮了。于是，来自汉地的茶叶和绸缎，借助几个世纪以来形成的草原网络，成为蒙古地区的新通货，并即将开始源源不断地向外流动。

现在，这些来自明朝的茶叶和丝绸来到了俄罗斯商人的手中，而来自俄罗斯的火枪则转移到了蒙古贵族这一边。就在努尔哈赤进攻袁崇焕镇守的宁远城之前几年，他已率军征服了漠南地区的蒙古部落。和俄罗斯接壤的北方蒙古汗国也被满洲的势力震动，纷纷派遣使者前来表示归顺。我们已经了解到，蒙古使者献给努尔哈赤的礼物中就有不少是来自俄罗斯的火枪。

除了火枪以外，明朝方面的葡萄牙传教士发现，在满洲骑兵当中，还有不少蒙古部队。他们最远的来自与俄罗斯接壤的伏尔加河下游一带，不但在一个世纪以前就到过莫斯科和波兰，而且早在俄罗斯东进的时候，就见识过俄国火炮和火枪的威力。[1]

所以，对于努尔哈赤来说，明朝的火枪和火炮，根本就算不上什么特别的法宝。满洲部落早就通过北方草原的网络，获得了有关枪炮的知识和体验。而这些，就源自明朝自己在过去一个多世纪里通过瓷器、白银、丝绸和茶叶，发展起来的贸易网络。

可以说，恰恰是明朝自己，以及背后的全球贵金属流动趋势，为满洲的崛起铺平了道路，也为他们提供了重要武器。

谈完明清易代之际的火器，本书的主要内容也将在隆隆炮声中走向尾声。在下一章，我们将沿着全球化的思路

---

[1] 卫匡国，《鞑靼战纪》，收入《鞑靼征服中国史》，中华书局，2008 年，第 367 页。

继续出发，从一个微观的角度，重新审视一下清代的命运，以及中国在现代工业社会面前受到的冲击。

第十二章

蓝染布与清代的命运

清朝的经济危机

最后一章，我们要延续本书一贯的主题，从生产与消费的角度，讨论物质文化产品背后的宏观社会机制。我们讨论的主题，从高冷的玉器、青铜开始，由园林、家具进入明清以来的世俗生活，希望揭开这些奇珍异宝的神秘面纱，把它们还原为人类在物质交流中产生的具体物品，以期通过物品重现社会本身的进程。现在，我们要在世俗的道路上继续前行，来谈谈清代的日常生活中最常见的蓝染布。

清朝是中国古代距离我们最近的一个朝代。因为时间近，所以留下的研究材料和讨论的话题也特别丰富。清朝留给我们的话题中，主要涉及两方面：一是清朝中前期的"康乾盛世"、国富民强；二是清末时期的列强环伺、国破家亡。但凡我们讨论清朝，这两类主题基本上是绕不过的。

这两个问题，其实是同一个问题的不同方面。换句话说，清代中前期与后期所面临的截然不同的局面，完全就是同一件事情在发展过程中经历的不同阶段。

清代前期，辽东人群取代明朝，成为东亚地区的主要掌控者。新兴王朝也把国家从明末以来最庞大的一笔开销中解放了出来。辽东地区此后永远不再成为国家财税的黑洞——毕竟随着八旗的入关，龙兴之地的安全性可以说是高枕无忧了。另一个曾经困扰明朝，并间接造成李自成起义的北方关防问题，也随着清朝与蒙古诸汗的结盟与联姻，得到了一劳永逸的解决。这意味着，清朝不用像明朝那样在北境戍边行动中投入巨额开支，而是可以把这些财富用于国库积蓄和国民福祉的提高。

另外，清朝初期虽然经历了针对东南郑氏抵抗力量的闭关政策，但对外贸易的吸引永远大于闭关。作为明朝留下的产业，瓷器、丝绸、茶叶贸易又开始运转起来。一边是支出大幅减少，一边是收入稳步增长（尽管通商有限，但仍在有效程度之内），一起成就了清朝中前期经济发展、社会稳定的大好局面。

然而清朝有一个特殊的癖好：热衷出口，而无意进口。通过出口产品，清朝从国际市场上获得了大量白银，但因为无意进口，这些白银便无法重新回到国际市场，永远留在了中国的银窖当中。换句话说，中国出口产品交换的是作为商品的有色金属白银，却没有将其当作国际流通的货币。打个简单的比方，如果某个小镇上的土豪热衷收集硬币，那么总有一天，人们会发现在自动投币公交车上无币可投。

两次鸦片战争之后，中国的国门被迫打开，随着白银重新回流国际市场的是外来产品相继涌入国内。在健康的双边贸易关系中，出口和进口长期的动态平衡，有助于本国产业的发展和资本的积累。但是长期闭关导致的一系列结果，就包括产品生产能力和产业结构的双重脆弱。在选择更多、价格更有竞争力的洋货面前，中国本土产品的市场不断萎缩。而市场的丧失，意味着国家收入的下滑，以及更大的收支危机。

清代最后的危机，是从一些微小的生产领域开始蔓延的，比如南方的纺织与印染行业。

蓝染布的兴起

我们要讨论的蓝染布，是指用植物染料蓝靛染色的蓝色土布。我们常见的蓝印花布，就是典型的蓝染布。制作蓝印花布的工艺有好几种，比如蜡染、扎染、夹染（夹缬），它们的共同点就是利用各种方法使布料表面有的地方染上蓝颜色，有的地方不染色，通过颜色对比来呈现花纹。当然，许多时候也可以把整块布料整体浸入蓝靛染料中，经过煮热、固色、漂洗工序，使之成为纯蓝色土布。

顾名思义，蓝染布除了需要有布以外，另一项少不了的原料，就是蓝色染料蓝靛。中国传统上用来制造蓝靛的

当代湘黔山民调制蓝靛的情景。

植物，一般有马蓝、蓼蓝、菘蓝和木蓝，统称为蓝草，菘蓝的根部就是我们熟知的板蓝根。制作蓝靛染料时，把植物的枝叶浸在水中使其沤熟、腐烂，之后加入石灰沉淀，就能制成膏状的蓝靛原料了。

布匹染色工艺在中国很早就出现了，在早期历史中，蓝染工艺并不是主流，比如秦汉时期流行黑色、红色（赭色），中古以后随着外来植物染料的出现，黄色、褐色、绿色也在各个时期成为当时的首选。南宋时期，江南的嘉定等地，出现了一种名为"药斑布"的印染布料。根据《练川图记》的记载，药斑布是一种蓝白相间的花布。直到明清以后，蓝染工艺和蓝染布逐渐在中国大范围流行起来，并最终成为中国本土产品的翘楚。

秦汉时期，中国普遍使用的布匹原料以苎麻为主，丝、帛与普通大众尚有一定距离。自隋唐以来，毛织物及纤维较短的木棉织物有所普及。而现代意义上的棉布的大范围出现，则要等到元代以后原产印度的海岛棉（棉花）的引进。元代松江人黄道婆把织（棉）布技术从海南引入长江下游三角洲的传说，可能就是棉花普及故事中的一个章节。这些纤维较长的棉花，取代苎麻和木棉，成为明清以来中国与世界纺织物的主要原料。在人类研发的所有染料中，蓝靛对棉布的着色效果是显著的，也是最稳定的。

蓝靛的着色效果和棉布的出现，决定了蓝染布生产成为清代最重要的产业之一。我们应该会记得，在关于晚清的众多叙述中，都提到了在洋布的冲击下，这种蓝色土布滞销，进而导致了种种经济问题。

当我们进一步深入蓝染土布更关键的技术层面时，将会发现蓝染布背后的蓝靛染料，在清末的历史进程中扮演了重要角色。

为什么方世玉喜欢在染坊中打斗

我们先从一位频频出现于电影银幕上的清代大侠谈起，他就是方世玉。

那些年我们看过的"方世玉"系列武侠影片中，染坊成了大侠们快意恩仇的竞技场。场景中往往摆放着各种染缸，挂着各色布料，正邪两派的高手借助悬挂的布匹飞上蹿下，甚至还会拿起一段蓝色布料，甩打两下，布料也成了一根应用自如的兵器。有时为了增加镜头效果，还会安排一方失利跌落染缸，溅起数丈湛蓝飞沫。这种染坊中的对决，已成为香港武侠电影中的经典桥段。

然而，方世玉并不是真实的历史人物，他最早出自一本名为《圣朝鼎盛万年青》（以下简称《万年青》）的清末演义小说。遗憾的是，该书的作者没有留下自己的名字。

这本小说主要以清代乾隆皇帝下江南为背景，讲述乾隆帝如何惩治贪官、褒扬良善的故事，但小说的一条暗线是清末广东豪杰之间的一段恩怨。小说中提到，大侠方

湘黔地区晾晒蓝布的场景。

世玉出生于一个卖绸缎、布匹的商人家庭。有一天，他救了一个被人打伤的青年，名叫胡惠乾。胡惠乾原先在一家广东的机房（也就是织布、染布的工场）里工作，却被外来的机工（织布、染布的工人）殴打成重伤，失去了工作。方世玉护送胡惠乾前往少林寺学艺，学成下山后，通过打擂台的方式，击败了占据机房的恶霸，并夺回了染坊。

有趣的是，《万年青》的主人公们都有着相似的出身背景。比如，方世玉出身于一个经营布匹的商人世家，而胡惠乾更是和织布、染布的作坊有着直接的联系。

为什么这部武侠小说如此偏爱染坊场景？这还要从清代蓝靛生产的人口格局说起。

大约从元代起，中国开始大面积种植棉花，然后棉布取代麻布成为纺织业的主流产品。白色的棉布容易脏，所以需要染成更深的颜色。在所有颜色的染料当中，蓝靛的着色和固色效果与棉布结合得最好。所以，蓝草种植和蓝靛制造业，成为明、清两代的重要产业。

蓝草种植在中国南方非常普遍，但自明代晚期以来，引进了甘蔗等价值更高的经济作物，本着因地制宜的原则，蓝草就和甘薯等新来的粮食作物，逐渐从水暖条件较好的平原农田，向两广地区东部和北部的山区扩展。两广北部以及湘、赣南部连绵的山地丘陵中，生活着许多山区人口，他们在蓝草种植北移的浪潮中抓住机遇，开始大量种植蓝草，生产蓝靛。慢慢地，蓝靛生产逐渐成为山区人口控制下的垄断产业。在这个过程中，甘薯、土豆等粮食作物对人口的增长也起到了一定的催化作用。

　　大约在清代中期以后，出售蓝靛的山区人口有了资金，开始向外转移资本。被资金和粮食催生出的大量移民，开始源源不断地向平原地区渗透。以蓝靛生产为业的山区移民，搬到珠三角的平原后，便直接进入他们最熟悉的纺织、染布行业。而这也让《万年青》里的方世玉和胡惠乾备感压力，于是他们决定武装捍卫自己的传统行业。

帝国的缩影

　　事实上，《万年青》反映的情况只是清末生产体系受到冲击的冰山一角。

　　1840 年，第一次鸦片战争以后，广州等沿海口岸开始向英国等西方市场开放。第一波冲击中国市场的产品，就包括来自英国的布料，人们称为洋布。和中国本土生产的蓝土布相比，它们的价格和色彩都更加有竞争力，因而对本土的纺织业造成了很大的打击。

　　中国的蓝色土布本来就存在着平原人口和山区人口的竞争，在被洋布抢去一大块市场后，原本的内部矛盾进一步激化。生活在珠三角平原的纺织、染布工人，没办法阻挡洋布的进口，只能把矛头对准来自山区的外来者，毕竟后者无论从人数还是势力来讲，似乎都比较容易对付。

广西南丹瑶族女服

就像《万年青》里的故事一样，方世玉、胡惠乾这些原来靠织布、卖布为生的人，就和平原上其他各县的失业工人，组织成具有一定规模的行业群体，把矛头对准了来自山区的外来者。

来自山区的移民，本身的经济也受到洋布等外来货物的冲击。更要命的是，他们还受到平原人群越来越强烈的排挤。蓝色土布滞销，随之导致蓝靛的生产与销售接近停滞。由新开放商贸口岸引发的经济萧条，就这样从沿海城市向着内陆山区不断延伸。

于是，就在第一次鸦片战争结束，中国沿海市场开放十年之后，靠近广东西部的广西桂平县，爆发了太平天国运动。而运动的主要组织者，就是来自两广山区的移民。他们中的很多人，原先就是在粤东山区种植蓝靛、从事染布行业的普通农民。原本是山区和平原人口之间的小规模冲突，在中国开放通商口岸的背景下，被无限放大，成了横跨南方大部分省份的大斗争。

蓝靛与蓝土布的生产下滑，其实只是中国本土产业所面临的众多遭遇之一。曾几何时，那些为中国带来白银的出口产品，从茶叶到瓷器（受到印度茶叶、欧洲瓷器的冲击），都在这一两个世纪中失去了自身的地位。而外来靛农与当地居民之间的冲突，只是这场经济危机在中国南方投射的一个缩影。

在无法缓解洋货冲击、本土产品日渐失去竞争力的局面下，太平天国运动本身又摧毁了南方数省经济生产的人力、物力基础，这给清朝本来便已入不敷出的经济现状带来了更大的危机。

清政府最终平定了叛乱，但付出的代价也是巨大的。

事实上，平叛本身需要的经济支出就让清朝当局焦头烂额。毕竟对一个江河日下的王朝而言，购买新式枪、炮、舰船也是很大的开支。全球化引发了清朝走向终点的噩梦，但这个全新的机制也给了清朝超越前人的选择——向西方国家举债，借债度日，总好过无米下锅。当然，外来支援也是有代价的，比如更多的通商口岸，而这也会进一步扩大外来商品的冲击。

以蓝靛生产和纺织为代表的产业衰落，意味着清朝的财政收入也越来越少。于是，清朝一方面无钱还债，只能用土地租借权勉强偿还西方债主；另一方面没有经济实力平息任何一场局部叛乱，哪怕叛乱最初的规模并不大。

就这样，由蓝靛种植和染布行业萧条引发的连锁反应，和清朝的命运彻底绑在了一起。而故事的结局，我们早就知道了。

靛蓝与牛仔裤

19 世纪末，德国有个叫拜耳的化学家，发明了用苯胺为原料人工合成蓝靛的方法，用这种方法制成的合成染

贵州麻江瑶族蜡染头帕

料，被称作"洋靛"。他后来还因为研究和分析了靛青、天蓝、绯红三种现代基本染素的性质与分子结构，对有机染料和氢化芳香族化合物的研究做出重要贡献，获得了1905 年诺贝尔化学奖。

20 世纪初，这种合成蓝靛已经实现了工业化的批量

生产。从此，不但洋布占据了中国的纺织市场，外来染料也抢夺了本土天然染料的空间。民国时，中国本土蓝靛生产已经基本退出了产业化的序列，只在西南地区的部分山区还有生产。

今天西南地区的布依族、苗族蜡染和白族扎染，所使用的蓝染和蓝靛制作工艺，便是一个世纪之前占据中国主流市场的蓝色布料生产技艺的遗迹。这些技艺并非西南民族所独有，只不过在最近两百年的开埠潮流冲击下，东部地区的相似手工业率先接受了时代的洗礼。

不过，关于中国蓝靛和蓝染布的故事，还有一个好的结局。就在鸦片战争爆发前后，美国弗吉尼亚的淘金潮开始兴起。一个名叫李维·斯特劳斯的德国移民，看到工人衣衫褴褛、容易弄脏，便用帆布为他们制作了世界上第一条蓝色牛仔裤。牛仔裤的蓝色，就是用化学合成的蓝靛染制的。帆布和蓝色设计使得牛仔裤经久耐穿，成为劳动阶层骄傲的象征。在之后的一百五十多年里，牛仔裤成为世界服饰中最流行的款式。

而中国轻工业从 20 世纪 90 年代起，重新起步，也开始工业生产合成蓝靛。现在，作为最重要的世界加工厂之一，全球 70% 以上的合成蓝靛和牛仔布面料来自中国。虽然这些染料不再来自中国南方的山区，但从 19 世纪中国国门打开的那天起，蓝靛产品就见证了中国融入世界的全部进程。

通过物质文化重新认识中国

在本书接近尾声之际，我们通过蓝靛制品的前世今生，对清代中国的命运起伏有了全新的认识，也让我们对物质产品的生产与古代中国的发展脉络有了更全面的了解。

从武侠电影《方世玉》的情节中，我们看到，蓝靛和蓝染布的生产改变了两广地区的人口结构。当清末中国被迫打开国门时，外来洋布冲击了本土市场，使山区移民感受到了来自本地和外界的双重压迫。在这种压力下，他们选择了武装抗争的方式，最终动摇了清朝的统治。

事实上，同样的机制也回响在本书一以贯之的中国历史进程中。从史前时代直到近代中国，古人们追求的每一种产品，每一项外力援助，都对生产与消费的双方造成了巨大影响。

商代晚期诸王用玉石作为货币，购买周人的效忠与军事服务，也使自身的粮食源源不断地流向周人，当周人壮大之际，也就注定了商王朝的终结。继承商朝的周人，在追求铜矿原料的道路上，由于无法摆脱对马匹的需求，把未来留给了秦汉帝国。而这两个古代王朝，并没有就此离我们而去，它们在告别历史舞台的同时，也将对玉器和青铜器的推崇，写入了中国人的文化基因。

秦汉王朝对域外世界的向往，召唤起中国文化最底层中对"神仙"之境的向往。杂糅了"仙人"与"先人"观念的博山炉，燃尽了秦汉帝国的积蓄，也打开了帮助后者登天的不归路。当神仙从远方来到中原边境时，他们不小心遗落了羽衣，变成了东汉护乌桓校尉墓葬壁画上"胡市"

中的骑士。

为了让骑士们为己所用，汉地王朝再度倾尽所有。然而，这些流入北方营帐的钱粮，除了滋养了一个庞大的游牧帝国外，还留下一个孱弱的魏晋社会。当魏晋名士不堪北伐带来的赋税压力时，行云流水的草书，成为他们遁身仙境的咒语。与此同时，另一种与其有着共同起源的观念，则以相反的形态，帮助北朝建立了一个现实的神仙之境。佛教的现实王国，不但将北魏皇帝的容貌留在了大同通往塞外的山崖上，也为中国的再度统一贡献了宗教现实主义的力量。

很快，随着隋唐帝国的建立，这种力量重新以消费主义的形式，推动了中国王朝的新一轮交替。茶叶的适时出现，让这份佛教留给中国的遗产，对后世产生了两种殊途同归的影响：一方面，它成功挽救了安史之乱后，陷于马匹和缣帛双重供应不足的唐朝经济；另一方面，茶叶贸易，也给宋代留下了辽国和西夏，这两个因茶马贸易而崛起的异姓兄弟。

宋代出现的私家园林，仿佛一种象征，代表了时代的气质。在宋代，它犹如四周缺乏伸展空间、经济上捉襟见肘的国家，圈住了国内最好的知识分子，使他们只能在山水画作中，追求陶情的林泉。在元代，这种象征形式恰好翻转过来，上进无门的知识分子重新聚集在园林之中，唯一不同的是，这一次他们把幻想的仙境在街衢中建造出来。当所有失望的知识分子都跃入仙境，元朝的统治便随之瓦解。

不过，对于明朝而言，元朝留下的记忆又是情怀满满。为了重现蒙古帝国的物质网络，西欧航海家与郑和一同为打通欧亚大陆的海洋之路做出了尝试。新航路的开辟，将美洲白银运到中国这个巨大的银窖中，不但为明代的江南园林增添了许多家具陈设，还令财富源源不断地流入东北部落的营地。明朝的丝绸、茶叶以及白银，以粮食的形式又一次鼓舞了北亚的人口增长，而这些物质产品也为满洲的首领打通了来自欧亚草原西部的火枪与火炮之路。

从此以后，控制东亚财富流动的开关，已被那只被称作"全球化"的无形之手掌控。正是它的操作，导致了清代中国经济从停滞到下滑的转变，最终陷入了收不抵支的困境。正如全球化给清朝带来的难题，这个全新的机制也包含着问题的答案。随着中国重新掌握蓝靛化学合成技术，中国蓝靛和牛仔布面料的生产，也在 20 世纪末重新占据了国际市场。那么中国的再次复兴，又会给自身和周边带来什么新的契机呢？我们拭目以待！

通过这本书，我们重新认识了中国的文物与文化，它们作为古人生产和消费的产物，深深揳入了中国的历史进程中。这个事实也一再启发我们，只有通过与世界的交流，才能帮助我们重新认识并巩固自己的传统。不但对于中国蓝染布的故事应当如此，对于中国其他文化遗产也应如此。只有将这些收入博物馆的古老文化，还原到它们本来生长的社会环境之中，我们才有机会真正了解它们，并重新打开我们审视中国历史脉络的新视角。

《博物馆里的极简中国史》的十二章内容，到此就全部结束了，希望这些简单但不乏趣味的内容，能让你在了解每一类"器物"的来龙去脉之后，更加热爱博物馆，热爱中国历史和文化。

杨伯达，《巫玉之光：中国史前玉文化论考》，上海，上海古籍出版社，2005 年。

刘森淼，《玉璧作为一种上古货币》，收入《湖北钱币专刊总第一期》，1999 年。

林东华，《良渚文化研究》，杭州，浙江教育出版社，1998 年。

裘士京，《江南铜研究——中国古代青铜铜源的探索》，合肥，黄山书社，2004 年。

盖山林，《和林格尔汉墓壁画》，呼和浩特，内蒙古人民出版社，2007 年。

祁小春，《迈世之风：有关王羲之资料与人物的综合研究》（下篇），北京，文物出版社，2012 年。

陈寅恪，《金明馆丛稿初编》，北京，生活·读书·新知三联书店，2001 年。

王家葵，《陶弘景丛考》，济南，齐鲁书社，2003 年。

宿白，《中国石窟寺研究》，北京，文物出版社，1996 年。

张焯，《云冈石窟编年史》，北京，文物出版社，2006 年。

[日] 石松日奈子，《北魏佛教造像史研究》，[日] 筱原典生译，北京，文物出版社，2012 年。

孙洪升，《唐宋茶叶经济》，北京，社会科学文献出版社，2001 年。

江西省轻工业厅陶瓷研究所编，《景德镇陶瓷史稿》，北京，生活·读书·新知三联书店，1959 年。

中国硅酸盐学会，《中国陶瓷史》，北京，文物出版社，2011 年。

陈传席，《山水画史话》，南京，江苏美术出版社，2001 年。

[美] 高居翰，《中国绘画史》，李渝译，北京，生活·读书·新知三联书店，2014 年。

于安澜编，《画史丛书》（第四册），上海，上海人民美术出版社，1963 年。

施耐庵，《水浒传》，北京，中华书局，2009 年。

童寯，《江南园林志》，北京，中国建筑工业出版社，2014 年。

彭一刚，《中国古典园林分析》，北京，中国建筑工业出版社，1986 年。

陈高华，《元史研究论稿》，北京，中华书局，1991 年。

[德] 古斯塔夫·艾克，《中国花梨家具图考》，薛吟译，北京，地震出版社，1991 年。

[德] 贡德·弗兰克，《白银资本——重视经济全球化中的东方》，刘北成译，北京，中央编译出版社，2008 年。

[苏]H.Π. 沙斯季娜，《十七世纪俄蒙通使关系》，北京师范大学外语系七三级工农兵学员、教师译，北京，商务印书馆，1977 年。

季永海、刘景宪译编，《崇德三年满文档案译编》，沈阳，辽沈书社，1988 年。

[西班牙] 帕莱福等，《鞑靼征服中国史》，何高济译，北京，中华书局，2008 年。

周伟华、黄志繁，《明清时期流民与粤东北山区开发》，载《嘉应学院学报》(哲学社会科学版) 第 26 卷第 1 期，2008 年。

刘平，《被遗忘的战争——咸丰同治年间广东土客大械斗研究》，北京，商务印书馆，2003 年。

本书部分图片来源：

徐湖平主编，《古玉菁华：南京博物院玉器馆展品选萃》，南京，南京博物院，2000 年。

李建伟、牛瑞红编著，《中国青铜图录》(下)，北京，中国商业出版社，2000 年。

陈永志等主编，《和林格尔汉墓壁画孝子传图摹写图辑录》，北京，文物出版社，2015 年。

刘正成主编，《中国书法全集》(18 卷)，北京，荣宝斋出版，1991 年。

云冈石窟研究院编，《云冈石窟》，北京，文物出版社，
2008 年。

河北省文物研究所编，《宣化辽墓壁画》，北京，文物出
版社，2001 年。

裘纪平，《中国茶画》，杭州，浙江摄影出版社，2014 年。

中国古典书画鉴定组编，《中国绘画全集》（3—4），杭州，
浙江人民美术出版社；北京，文物出版社，1999 年。

蓝先琳编著，《中国古典园林大观》，天津，天津大学出
版社，2003 年。

王世襄编著，《明式家具珍赏》，北京，文物出版社，
2003 年。

中国人民革命军事博物馆编，《制胜之道：孙子兵法暨
中国古代军事文物精品展》，北京，文物出版社，2008 年。

台湾史前文化博物馆出品编辑委员会编，《蓝色缤纷：
中国西南少数民族蓝染图录》，台东，台湾史前文化博
物馆，2006 年。

图书在版编目（CIP）数据

博物馆里的极简中国史 / 张经纬著 . –– 北京：北京联合出版公司 , 2018.12
ISBN 978-7-5596-2779-7

Ⅰ . ①博… Ⅱ . ①张… Ⅲ . ①中国历史 – 研究 Ⅳ .
① K207

中国版本图书馆 CIP 数据核字（2018）第 251559 号

博物馆里的极简中国史

作　　者：张经纬
责任编辑：昝亚会　夏应鹏
封面设计：水玉银文化

北京联合出版公司出版
（北京市西城区德外大街 83 号楼 9 层　100088）
北京市雅迪彩色印刷有限公司印刷　新华书店经销
字数 150 千字　880 毫米 × 1230 毫米　1/32　8 印张
2018 年 12 月第 1 版　2018 年 12 月第 1 次印刷
ISBN 978-7-5596-2779-7
定价：52.00 元